KB213814

믿음의 방패·구원의 투구·성령의 검

성도에서 제자에까지

이종덕

비전북하우스

기신자 교육 교재

성도에서 제자에까지

초판1쇄 발행 · 2024년 3월 26일

저   자·이종덕
펴낸이·이종덕
펴낸곳·비전북하우스

교   정·이현아   표   지·고미례
디자인·고미례   공급처·도서출판 소망사
                     전화/ 031-976-8970
                     팩스/ 031-976-8971

ⓒ 이종덕 2024

등   록·제 2009-8호(2009. 05. 06)
주   소·01433 서울시 도봉구 해등로 25길 41
전   화· 010-8777-6080
이메일·ljd630@hanmail.net

정 가·10,000원
ISBN·979-11-85567-39-6   03230

성도에서 제자에까지

제자의 양성을 위하여!

2015년 하반기에 새신자 교육교재 「새신자에서 성도에까지」라는 책을 냈었습니다. 어느 목사님이 그 책을 보시고 전화로 기신자용도 쓰면 어떻겠느냐고 하시길래 그러겠다고 하고선 바쁘다는 핑계로 깜박했습니다. 그런데 그 목사님은 잊지 않으시고 어떻게 되었느냐고 확인 전화하셨습니다. 놀랐고 무서웠습니다. '약속이란 것이 엄청 큰 채무구나!' 라는 생각을 했습니다. 그 채무를 갚기 위해 기도하면서 기신자용을 한 권 더 썼고, 「무적 성도 양성 프로젝트」라는 이름에서 「성도에서 제자에까지」라는 이름으로 이렇게 세상에 나오게 되었습니다.

새신자 교육교재를 쓰면서도 그랬지만 기신자 교재를 쓸 때에도 에베소서 4:12-14절을 깊이 묵상하면서 썼습니다. "성도를 온전하게 하여 봉사의 일을 하게 하며 그리스도의 몸을 세우려 하심이라. 우리가…… 그리스도의 장성한 분량이 충만한 데까지 이르리니 이는 우리가 이제부터 어린 아이가 되지 아니하여 사람의 속임수와 간사한 유혹에 빠져 온갖 교훈의 풍조에 밀려 요동하지 않게 하려 함이라."

특별히 14절의 "사람의 속임수와 간사한 유혹에 빠져 온갖 교훈의 풍조에 밀려 요동하지 않게 하려 함이라."라는 것에 핵심 가치를 두었으며, 나아가 사탄의 어떤 공격도 이겨낼 수 있는 무적 성도를 양성하는 데에 이 교재의 목표를 두었습니다. 이 교재에는 해설판을 첨부해서 더 많은 내용을 풍성하게 공부할 수 있도록 했습니다.

건물을 지을 때 기초를 튼튼히 해야 한다는 것은 상식 중의 상식입니다. 높은 건물을 지을 때 더 깊이 파고 콘크리트로 튼튼하게 다지는 것 또한 상식입니다. 그런데 가끔 그런 상식을 깨고 그러지를 않아서 대형사고가 나는 것을 봅니다. 신앙도 마찬가지입니다. 그리스도의 장성한 분량에 이르게 하기 위해서는 신앙의 기초가 튼튼해야 함은 불문가지입니다. 대충 형식적인 교육 커리큘럼을 마치고, 교회 적응 프로그램을 이수하면 금방 장성한 분량의 성도로 인정하여 사역을 맡기기 때문에 대형사고가 나기도 한다는 겁니다. 그런데 오해가 있습니다. 성경을 공부하는데 난이도가 높은 문제반까지를 마치면 공부를 다 마쳤다고 한다는 것입니다. 이것은 마치 경화제(시멘트 또는 석회) 없이 골재(조약돌, 자갈, 모래)와 물만을 혼합한 것으로 건물을 쌓는 것과 같은 것입니다.

이 책은 아주 쉽게 기술이 되어 있습니다. 누구나 읽고 편하게 이해할 수 있게 만들었습니다. 성도라면 반드시 짚고 넘어가야만 하는 문제들을 뽑아 놓았습니다. 이 책의 내용들을 꼼꼼히 읽고 이해한다면 듬성듬성한 신앙이 튼튼하게 성장하여 "사람의 속임수와 간사한 유혹에 빠져 온갖 교훈의 풍조에 밀려 요동하지 않게" 될 것입니다. 그리고 예수님의 제자가 될 것입니다.

하나님의 비전지기

이종덕

1. 이런 특징이 있습니다

정말 쉬운 말과 질서정연한 논리로 문제를 제시하고 답은 성경을 읽으면서 알도록 했습니다. 깊이 고민하거나 여기 저기 성경을 찾아서 답을 찾는 시험공부 책이 아닙니다. 그렇다고 대충 넘어갈 정도로 허술하게 구성되지도 않습니다. 정말 중요한 것은 책 속에 쓰여진 글자를 한 자라도 놓치게 되면 문제를 풀 수 없을 뿐만 아니라 이해하기가 곤란해지기도 합니다. 다시 말해 전 문장을 잘 읽어야 제시된 문제를 이해할 수 있고, 문제를 잘 읽어야 답을 찾을 수 있으며, 정답을 찾아야 그것이 우리의 신앙고백으로 연결이 될 수 있다는 것입니다.

2. 이렇게 구성하였습니다

성도라면 다시 한 번 반드시 확인하고 이해해서 고백하고 넘어갈 내용으로 구성하였습니다. 이 내용을 알고 이해하고 고백해야 신앙의 기초를 단단히 놓을 수 있습니다. 이 책은 혼자서라도 정독을 하면서 성경을 찾아 읽는다면 스스로 깨닫고 스스로 고백할 수 있을 것입니다.

1) 이 책은 모두 8과로 구성하였습니다.

2) 반드시 알고 가야 할 내용을 글을 읽어가면서 알 수 있도록 아주 쉽게 구성하였습니다.

3) 매 과 10문항으로 하되 점층적으로 난이도를 높여갔습니다.

4) 성경 구절을 문제집에 기록해 놓고 답은 (   )에 쓸 수 있도록 했으며, 그 답은 책 뒤에 수록해 놓았습니다.

5) 해설판을 뒤에 첨부했습니다. 교사들이 가르칠 수 있는 내용으로 어려운 것에서부터 평이한 것까지 골고루 필요한 사항을 정리해 놓은 필독 내용입니다.

3. 이렇게 사용하시면 됩니다

모든 성경공부 책이 그렇듯 이 책도 예외가 아닌 것이 있습니다. 성령님의 도우심이 있어야 한다는 것입니다. 아무리 쉬운 문제라도 지식에 의존하려고 해서 성령께서 함께하지 않으시면 깨달을 수도 없고, 고백할 수도 없습니다.

1) 기도로 시작하고 성령의 도우심을 구해야 합니다.
2) 주어진 문제를 글자 하나라도 정확하게 읽고 이해하려고 해야 합니다.
3) 주어진 문제를 성경본문에 정확하게 적용을 해 보아야 합니다.
4) 복습과 예습을 철저히 해야 합니다.
5) 깨달음이 올 때는 그때그때 고백하도록 해야 합니다.

정말 쉽습니다. 그러나 꼭 알아야 할 내용입니다. 알게 된다면 제자에까지 될 것입니다. 그래서 하나님 나라 지경이 확대될 것입니다.

목차

하나님이 세상을 이처럼 사랑하사
독생자를 주셨으니
이는 그를 믿는 자마다 멸망하지 않고
영생을 얻게 하려 하심이라
(요 3:16)

구원에 대한 정확한 이해 01

제1과
구원에 대한 정확한 이해

생각 열기

여러분! 구원이란 무엇이라고 생각하시나요? 우리는 전도를 하거나 전도를 받을 때 "예수 믿으면 구원받습니다."라는 말을 하거나 듣게 됩니다. 여기서 전제가 되는 말은 '예수를 믿는 것'이고, 결과가 되는 말은 '구원받는 것'입니다. 구원을 받아야 한다면 왜 '구원'을 받아야 할까요?

성경 열기

1_성경은 우리가 구원받아야 하는 이유를 우리가 무엇을 범하였기에 그렇다고 하나요?

모든 사람이 (   )를 범하였으매 하나님의 영광에 이르지 못하

더니(롬 3:23)

　답 (　　　　　　　　　　　)

　그렇습니다. 사람이 범한 것이 있기에 하나님의 영광에 이르지 못한다고 했습니다. 사람은 원래 하나님과 동행할 수 있도록 만들어졌는데 그 죄 때문에 하나님과 결별된 삶을 살게 되었던 것입니다. 그 결별의 원인이 무엇인지 성경에서 가르쳐 주고 있습니다.

2 성경은 죄의 출발이 무엇인지 가르쳐주고 있는데 다음을 읽고 그 발단이 된 말과 그 이유를 이야기해보세요.

　1) 선악을 알게 하는 나무의 열매는 (　　　　) 네가 먹는 날에는 반드시 죽으리라 하시니라(창 2:17)

　2) 여자가 그 나무를 본즉 먹음직도 하고 보암직도 하고 지혜롭게 할 만큼 탐스럽기도 한 나무인지라 여자가 그 열매를 (　　　　) 자기와 함께 있는 남편에게도 주매 그도 (　　　　)(창 3:6)

　답 1) (　　　　　　　　　　)

　　 2) (　　　　　) (　　　　　　　　)

　　 3) 이유 (　　　　　　　　　　　　)

　이렇게 하나님의 말씀을 지키지 않아서 죄인이 된 것입니다. 그런데 성경에서 말하는 죄는 우리가 알고 있는 윤리적인 죄, 법률적인 죄를 능가합니다. 그것을 원죄라고 합니다. 그러니까 윤리적이고 법률적인 죄는 하나님의 말씀을 순종하지 않은 근본적인 죄(원죄)로부터 나오는 죄들이라는 것입니다.

3_이렇게 죄를 범하였기에 성경은 우리가 하나님과 무엇이 되었다고 알려주고 있나요?

전에 악한 행실로 멀리 떠나 마음으로 (   )가 되었던 너희를 (골 1:21)

답 (   )

그렇습니다. 그 죄로 인해 하나님과 완전한 분리가 되었다는 것입니다. 그것을 성경에서는 원수라고 표현했습니다. 원수된 죄인은 결말에 응분의 대가를 받아야 합니다. 그 대가로 우선 육체적 죽음이 따르지만 죽음 후에 받는 대가가 반드시 있다는 것입니다.

4_죄의 대가로 최후에 우리가 받는 것이 있다고 했는데 그것이 무엇인가요?

한번 죽는 것은 사람에게 정해진 것이요 그 후에는 (   )이 있으리니(히 9:27)

답 (   )

심판이 있기에 우리는 심판을 면할 구원이 필요하다는 것입니다. 그런데 구원이란 인간이 스스로 찾거나 만들지를 못합니다. 그래서 사람들은 그 구원을 얻기 위해서 여러 종교를 만들기도 하였고, 선행을 통해서 그리고 돈으로 얻으려고 부단히 노력했습니다. 그런데 쉽지 않았습니다. 그런 인간이 결국 얻는 것이 있었습니다.

5_인간이 구원을 위해 여러 가지 시도를 했지만 궁극적 얻은 것이 무엇인가요?

어떤 길은 사람이 보기에 바르나 필경은 (　　　　　)의 길이니라

(잠 14:12)

답 (　　　　　　　)

이렇게 인간이 어떤 노력을 하더라도 구원을 스스로 얻을 수 없다는 것을 아시고, 하나님은 인간의 구원방법을 처음부터 설계하셨습니다. 인간은 피조물이면서 죄인이 되었기 때문에 구원은 철저하게 하나님의 주권에 달려 있는 것입니다. 그렇기 때문에 하나님은 구원의 방법을 세우셨던 것입니다.

6_구원의 방법으로 하나님이 세우신 계획을 처음 공개하셨는데 누구에 의해 구원이 이루어질 것을 보여주셨나요?

내가 너로 여자와 원수가 되게 하고 네 후손도 (　　　)과 원수가 되게 하리니 (　　　)은 네 머리를 상하게 할 것이요 너는 그의 발꿈치를 상하게 할 것이니라 하시고(창 3:15)

답 (　　　　) (　　　　　)

인간은 죄인이 되었기 때문에 구원에 있어서 객체가 되어 구원을 받아야 할 존재가 되었다는 것입니다. 즉, 구원의 주도권은 하나님이 가지고 계시다는 것입니다. 그래서 죄를 지은 인간의 종말을 아시기에 하나님은 구원의 계획을 직접 세우셨습니다. 그리고 누가 그리고 어떻게 구원을 이루어야 한다는 것까지도 계획하셨던 것입니다.

7_그 구원의 역사를 누가 이루어내실 것이라고 성경은 가르쳐주고 있나요?

하나님이 세상을 이처럼 사랑하사 (   )를 주셨으니 이는 그를 믿는 자마다 멸망하지 않고 영생을 얻게 하려 하심이라

(요 3:16)

답 (   )

구원을 이루는데 큰 역할을 하는 분이 하나님의 아들임을 우리는 살펴보았습니다. 그렇다면 그 하나님의 아들이 어떤 역할을 하거나 우리가 어떤 것을 해야 하는 것이 구원의 방법이 될 것입니다. 구원의 방법은 아주 간단합니다.

8_하나님이 제시한 구원의 방법이면서 누가 구원을 받을 것인가를 말씀해 주고 있는데 누가 구원을 받을 수 있다고 가르쳐주고 있나요?

하나님이 세상을 이처럼 사랑하사 독생자를 주셨으니 이는 (   )
마다 멸망하지 않고 영생을 얻게 하려 하심이라(요 3:16)

답 (   )

보내신 독생자를 믿기만 하면 구원을 주신다는 하나님의 방법은 아주 간단했습니다. 그러나 다 구원을 받는 것은 아닙니다. 구원받는 자가 제한이 되어 있다는 것입니다. 그런데 그 구원의 과정은 정말 힘들고 고통스러웠습니다. 우리가 구원받는 방법은 이론적으로는 쉽지만 그 과정은 힘들었다는 것입니다.

9_ 하나님과 화목하고 원수된 것을 소멸하는 방법으로 하나님이 선택한 구원의 방법은 그의 독생자가 무엇을 지고 죽는 것이었나요?

또 (   )로 이 둘을 한 몸으로 하나님과 화목하게 하려 하심이라
원수 된 것을 (   )로 소멸하시고(엡 2:16)

답 (   )

그렇습니다. 불순종으로 인해 죄인이 되었고, 죄로 인해 사망(죽음)을 피할 수 없었으며, 심판은 정한 이치로 받아야 했지만 누구든지 그를 믿는 자는 구원을 받는다고 했습니다. 그가 그 큰 고난을 겪으셨기에 그 고난을 통하여서 우리가 죄 사함을 받고, 그 고난에 동참하므로 우리가 구원을 받는 것입니다. 그것을 우리는 하나님의 아들 예수 그리스도를 믿는다고 말합니다.

10_예수님을 영접하는 자 곧 그를 믿는 자에게 주어지는 복은 무엇인가요?

> 내가 진실로 진실로 너희에게 이르노니 내 말을 듣고 또 나 보내신 이를 믿는 자는 (   ) (   )하나니 (   )으로 옮겼느니라 (요 5:24)

답 (   )

　 (   )

　 (   )

◼◼◼ 생활 열기

아마 구원을 준다고 엄청난 대가를 요구한다면 사람들이 구원의 길로 우르르 몰려올지도 모릅니다. 그런데 구원의 길이 단순하게 예수님을 영접하는 것이라고 말하니까 사람들은 외면하거나 무시하는 것일지도 모른다는 것입니다. 그러한 것이 정말 구원을 받는다는 것이 어렵다는 이야기가 될지 모릅니다. 구원은 선물인데 사람들은 선물을 거절합니다. 정말 귀하고 값을 많이 지불한 선물인데 말입니다.

1. 알게 된 새로운 사실이 무엇인가요?

2. 말씀을 배우면서 받은 은혜는 무엇인가요?

3. 사실과 은혜에 대한 나의 다짐은 무엇인가요?

여기서 잠깐

　구원이라는 단어에 사람의 운명(?)은 엄청 차이가 납니다. 구원받은 사람은 천국에서 영원히 살고, 구원받지 못한 사람은 지옥에서 영원히 살기(?) 때문입니다. 그런데 사람들에게는 구원받을 수 있는 기회가 무궁무진하게 주어지지 않는다는 것입니다. 태어나는 순서는 있어도 죽는 순서는 없다는 것은 다 알고 있는 사실입니다. 온갖 사고와 사건과 질병이 구원의 기회를 마냥 허락하지 않는다는 것입니다. 구원의 기회를 놓치지 말아야 영원한 행복을 취할 수 있습니다.

그러므로 염려하여 이르기를
무엇을 먹을까 무엇을 마실까
무엇을 입을까 하지 말라
이는 다 이방인들이 구하는 것이라
너희 하늘 아버지께서 이 모든 것이
너희에게 있어야 할 줄을 아시느니라

(마 6:31-32)

제2과
하나님은 누구신가?

◖◗◖◗◖◗ 생각 열기

　　하나님 하면 우리는 창조를 생각합니다. 맞습니다. 이 세상에 존재하는 모든 것은 하나님에 의해서 만들어진 피조물입니다. 가끔 EBS에서 하는 명의를 봅니다. 인체의 구조가 정말 신묘막측합니다. 우연히 생긴 구조라고 상식으로는 생각하기가 어렵습니다. 자연의 생태나 우주의 움직임도 우연적이라고 하기에는 너무 이성을 초월합니다. 지구를 포함한 우주의 설계자와 창설자가 분명히 존재하고 있다는 것입니다.

◖◗◖◗◖◗ 성경 열기

1_성경은 천지가 만들어졌다고 했는데 그 천지를 누가 만

들었다고 소개하고 있나요?

　태초에 (　　　　)이 천지를 창조하시니라(창 1:1)

　답 (　　　　　　　　　　　)

　그런데 사람들은 천지를 창조하신 그 창조주 하나님을 믿으려 하지 않습니다. 자기들이 죄를 범하여 죄인이 되고 하나님과 단절되어 하나님을 볼 수 없음에도 불구하고 하나님을 보여주면 믿겠다고 으름장을 놓기도 합니다. 어처구니가 없습니다.

2_그런 사람들에게 하나님을 보게 되면 어떻게 된다고 성경은 가르쳐 주고 있나요?

　또 이르시되 네가 내 얼굴을 보지 못하리니 나를 보고 (　　　　)

　이니라(출 33:20)

　답 (　　　　　　　　　)

　그러니까 하나님을 보여 달라고 하는 것은 마치 죽여 달라고 하는 것과 같은 것입니다. 성경은 여러 곳에서 하나님은 보이지도 않고 볼 수도 없다고 했습니다(출 33:20; 요 1:18; 딤전 1:17, 6:16). 그러나 극히 제한적으로 보여주시기도 하셨습니다.

3_그런데 하나님의 허락 하에 극히 제한적으로 본 사람이 있습니다. 이들은 놀라서 하나님을 본 자기가 어떻게 된다고 말

했나요?

> 그 때에 내가 말하되 화로다 나여 (   )하게 되었도다. 나는 입술
> 이 부정한 사람이요 나는 입술이 부정한 백성 중에 거주하면서 만군
> 의 여호와이신 왕을 뵈었음이로다 하였더라(사 6:5)
>
> 답 (   )

이렇게 하나님을 본 자는 살 자가 없고 망하게 되기 때문에 하나님은 다른 방법을 통해 인간을 구원하시기로 하십니다. 독생자를 사람의 몸으로 해서 세상에 보내시기로 하신 것입니다. 신이 사람의 몸을 입고 온다는 것은 정말 부자연스럽고 고통스러운 것입니다. 그럼에도 불구하고 하나님은 그렇게 하셨습니다.

4_ 그렇게 부자연스럽고 고통스런 길을 택하신 이유가 세상 (인간)을 어찌하셨기 때문일까요?

> 하나님이 세상을 이처럼 (   ) 독생자를 주셨으니 이는 그를 믿
> 는 자마다 멸망하지 않고 영생을 얻게 하려 하심이라(요 3:16)
>
> 답 (   )

그렇습니다. 하나님은 인간을 사랑하셨습니다. 이 사랑은 하나님의 본질이십니다. 따라서 하나님의 본질에 대해서 몇 가지 살펴보는 것이 하나님을 아는데 도움이 될 것입니다. 하나님은 위에서도 잠시 살펴보았지만 보이지 않는다고 했습니다.

5_하나님은 어떤 모습이기에 보이지 않는다고 성경은 말하고 있나요?

하나님은 (   )이시니 예배하는 자가 영과 진리로 예배할지니라 (요 4:24)

답 (   )

그렇습니다. 하나님은 영이라 보이지 않는다고 하셨고, 그래서 하나님께 예배할 때도 거짓 없는 마음으로 그리고 진실한 마음으로 예배를 해야 한다는 것을 가르쳐 주고 있습니다. 그리고 하나님은 당신을 소개할 때 스스로 있는 자라고 하셨습니다(출 3:14). 스스로 있다는 것은 하나님의 또 다른 본질이기도 합니다.

6_하나님은 스스로 계심의 시간성을 어떻게 표현하고 있나요?

오직 여호와는 참 하나님이시요 살아 계신 하나님이시요 (   ) 왕이시라 그 진노하심에 땅이 진동하며 그 분노하심을 이방이 능히 당하지 못하느니라(렘 10:10)

답 (   )

사람이 하나님의 속성을 감히 어떻게 알겠습니까마는 그래도 일반적으로 하나님의 속성을 쉽게 알기 위해서 사람들은 하나님을 절대적 속성과 보편적 속성이 있다고 나누어 생각합니다. 하나님의 무한하심, 영원하심, 전능, 편재, 전지, 지혜, 영광, 보이지 않으심, 무변, 시공을 초월하심 등이 절대적 속성이고, 선하심, 악을 미워하심, 거룩하심, 공정, 공의, 오래 참으심, 사랑, 자비, 진실, 진노 등을 보편적 속성이라고 합니다.

7_하나님의 속성 가운데 또 하나의 특징은 이것인데 성경은 하나님이 몇 분이라고 가르쳐 주고 있나요?

하나님도 (　　　　)이시니 곧 만유의 아버지시라 만유 위에 계시고 만유를 통일하시고 만유 가운데 계시도다(엡 4:6)

답 (　　　　　　　　　)

하나님이 사람을 만드실 때 자기의 형상 곧 하나님의 형상대로 창조하셨다고 했습니다(창 1:27). 사람에게 있는 하나님의 형상의 대표적인 성격이 지·정·의입니다. 하나님은 영이시지만 우리와 같이 지·정·의(知情意)를 가지고 계십니다. 아니 하나님의 지·정·의를 우리 인간에게 주신 것입니다. 이것을 인격이라고 합니다. 따라서 하나님의 지식과 하나님의 감정 그리고 하나님의 의지도 성경에서 찾아볼 수 있습니다.

8_다음 성경 구절은 하나님의 어떤 인격을 나타내주고 있나요?

그러므로 염려하여 이르기를 무엇을 먹을까 무엇을 마실까 무엇을

입을까 하지 말라 이는 다 이방인들이 구하는 것이라 너희 하늘 아버
지께서 이 모든 것이 너희에게 있어야 할 줄을 (   )
(마 6:31-32)
답 (   )

하나님은 인간이 가져야 할 것, 알아야 할 것, 먹어야 할 것 등을 다
알고 계신다고 하셨습니다. 우리 인간이 무엇을 배우면 알아가는 것
과 같이 하나님도 아신다고 했는데 사실 하나님이 아시는 것하고 인
간이 아는 것하고는 차원은 다르지만 안다는 지식적인 면에서는 공통
점이라 하겠습니다.

9_ 다음 성경 구절은 하나님의 어떤 인격을 나타내주고 있나요?

오직 선을 행함과 서로 나누어 주기를 잊지 말라 하나님은 이같은
제사를 (   ) (히 13:16)
답 (   )

복음서를 보면 예수님은 피곤해 하시기도 하셨고, 우시기도 하셨
고, 화를 내시기도 하셨습니다. 두려워하시기도 하셨고, 기뻐도 하셨
습니다. 이것은 성삼위 하나님의 공통적인 성품일 것입니다. 바울을
통하여 하나님은 우리에게 항상 기뻐할 것(빌 4:4)을 반복해서 강조하
고 계십니다.

10_다음 성경 구절은 하나님의 어떤 인격을 나타내주고 있나요?

> 나를 보내신 이의 (　　　)은 내게 주신 자 중에 내가 하나도 잃어버리지 아니하고 마지막 날에 다시 살리는 이것이니라 내 아버지의 (　　　)은 아들을 보고 믿는 자마다 영생을 얻는 이것이니 마지막 날에 내가 이를 다시 살리리라 하시니라(요 6:39-40)
>
> 답 (　　　　　) (　　　　　)

●─●─●● 생활 열기

사람이 어떤 일을 하기 위한 계획과 실천 능력을 가늠할 수 있는 것이 의지입니다. 의지의 다소여부에 따라 사람의 실천력도 나타나게 되기 때문입니다. 그런데 그러한 의지도 앞서서 살펴보았지만 하나님께 물려받은 인격 중의 하나라는 것입니다. 우리 하나님은 하나님의 성품대로 지음받은 우리가 멸망하지 않고 다 구원받기를 천 년을 하루같이 기다리고 계시는 사랑의 하나님이심을 믿어야 할 것입니다. 그리고 우리의 의지를 최대한 발휘해서 빨리 하나님께로 돌아가야 할 것입니다.

1. 알게 된 새로운 사실이 무엇인가요?

2. 말씀을 배우면서 받은 은혜는 무엇인가요?

3. 사실과 은혜에 대한 나의 다짐은 무엇인가요?

여기서 잠깐

　무엇보다 하나님은 인내심이 많으신 것 같습니다. 현 시대의 죄악을 보시고도 천 년을 하루같이 돌아오기를 기다리시는 것을 보면 그 인내심에 고개가 숙여질 뿐입니다.

　그런 하나님이시기에 오늘도 우리가 살아갈 수 있음에 감사할 따름입니다. 노아 때와 같고 소돔과 고모라를 생각나게 하는 요즘을 보면 하나님의 인내가 언제까지 이어질지 모르겠습니다.

　그러나 오늘날 세계 곳곳에서 일어나고 있는 상황들이나 우리 주변에서 벌어지는 비신앙적인 상황들을 보면 성경에서 말하는 예수님이 오실 때가 가까워졌음을 알 수 있습니다.

시몬 베드로가 대답하여 이르되

주는 그리스도시요

살아계신 하나님의 아들이시니이다

(마 16:16)

예수 그리스도에 대해 알아가기 03

제3과
예수 그리스도에 대해 알아가기

생각 열기

사람들은 예수님을 세계 4대 성인이라고 하면서 그 사람들 속에 포함시킵니다. 불경한 생각이 아닐 수 없습니다. 고대사회의 개념으로 말해보면 주인과 노예를 똑같다고 말하는 것과 같다는 것입니다. 이런 생각을 불신자들은 할 수 있다고 이해가 되지만 기독교인들도 이런 생각을 하고 있다는 것이 문제입니다. 그만큼 교회에서조차 제대로 된 기독교교육이 없었다는 것을 말해 주는 것입니다.

성경 열기

1_그럼 예수님은 왜 사람과 다른지를 다음을 읽으면 단어를 찾아보고 그 이유를 이야기해보시기 바랍니다.

하나님이 이르시되 (   )의 형상을 따라 (   )의 모양대

로 (   )가 사람을 만들고 그들로 바다의 물고기와 하늘의 새

와 가축과 온 땅과 땅에 기는 모든 것을 다스리게 하자 하시고

(창 1:26)

답 1) (   ) (   ) (   )

　 2) 이유 (   )

　그렇습니다. 하나님이 세상을 창조하실 때 예수님도 같이 창조에

참여하셨다는 것입니다. 그렇기 때문에 예수님을 사람과 동일하게 여

기면 불경하다는 것입니다. 예수님이 사람을 만드신 분이니까요. 그

런데 예수님이 우리의 구원을 위해 이 땅에 오셨기에 사람의 성품 즉,

인성을 가지고 계셨다는 것입니다.

2_예수님의 인성을 알 수 있는 단어가 무엇인지 이야기해

보세요.

　거기 또 야곱의 우물이 있더라 예수께서 길 가시다가 (   ) 하여

　우물곁에 그대로 앉으시니 때가 여섯 시쯤 되었더라(요 4:6)

　답 (   )

　예수님은 세상에 오셔서 30세까지는 육신의 부모를 도와 일을 하셨

고, 30세부터는 하나님 아버지가 이 땅에 당신을 보내신 일을 이루시

기 위해서(공생애) 사셨습니다. 예수님의 공생애 중에도 예수님은 인

간의 성정을 많이 보여주셨습니다. 피곤하시기도 하셨고, 화를 내시기도 하셨습니다.

3_예수님의 또 다른 인성을 알 수 있는 단어는 무엇인지 찾아보세요.

예수께서 (   )을 흘리시더라(요 11:35)

답 (   )

이렇게 예수님이 인간의 모습만을 가지고 있었다면 세계 4대 성인 중의 한 사람이라는 말이 맞는 거겠죠. 그런데 예수님은 분명히 달랐습니다. 성경에서도 예수님은 사람과 다르다는 것을 가르쳐 주고 있습니다.

4_성경은 예수님을 어떤 분이라고 이야기해주고 있나요?

말씀이 육신이 되어 우리 가운데 거하시매 우리가 그의 영광을 보니 아버지의 (   )의 영광이요 은혜와 진리가 충만하더라(요 1:14)

답 (   )

예수님은 당신이 누구이겠는가를 제자들에게 물으시고는 베드로가 대답한 말을 무척 좋아하셨습니다. 왜냐하면 정확한 말을 베드로가 했기 때문입니다. 베드로는 예수님을 두 가지로 답변했는데 여기도 예수님이 사람과 다르다는 것을 말하고 있습니다.

5_베드로가 말한 예수님이 사람과 다르다는 것을 두 가지로 말했는데 무엇인지를 이야기해보세요.

시몬 베드로가 대답하여 이르되 주는 (   )시요 살아 계신

(   )이시니이다(마 16:16)

답 (   ) (   )

그렇습니다. 예수님은 신(神)이신 하나님의 독생자요 아들이기 때문에 신(神)이라는 것입니다. 그러기에 인간이 할 수 없는 일도 하실 수 있는 것입니다. 그러한 일은 신성을 지니셨기 때문에 가능한 일입니다. 복음서에 보면 예수님이 행하신 다양한 기적과 표적을 볼 수 있습니다.

6_그 기적들 중의 대표적인 것으로 다음을 읽고 어떤 일이 있었는지를 성경을 인용해서 이야기해보시기 바랍니다.

이 말씀을 하시고 큰 소리로 나사로야 나오라 부르시니 (   )

그 얼굴은 수건에 싸였더라 예수께서 이르시되 풀어 놓아 다니게

하라 하시니라(요 11:43-44)

답 (   )

그런 하나님의 아들이고 신성을 지니신 분이 왜 세상에 오셨는지가 궁금합니다. 신이 인간의 모습으로 왔다는 것 자체가 고통일 텐데 왜 예수님이 이 땅에 인간의 몸을 입고 오셨는가 말입니다. 아주 중요한

이야기입니다.

7_성경은 예수님은 이 땅에 오시면서 어떤 목적을 가지고
오셨다고 가르쳐주고 있나요?

아들을 낳으리니 이름을 예수라 하라 이는 그가 자기 백성을 그들의

죄에서 (   )할 자이심이라 하니라(마 1:21)

답 (   )

그렇습니다. 이러한 목적을 이루시기 위해서 예수님은 세상에 계
실 때 여러 가지 일을 하셨습니다. 복음도 전하시고, 기도도 하시고,
많은 기적과 기사를 보여주셨습니다. 심지어 죽은 자들도 살리셨습
니다. 그러한 일들은 인간을 구원하실 궁극적인 일을 완성하시기 위
한 과정들이었습니다. 그런데 구원의 전제는 우리가 죄인임을 고백
하는 회개가 있어야 합니다. 구원을 이룰 궁극적인 방법은 또 따로
있습니다.

8_예수님이 구원을 이루기 위해 치렀던 구원의 방법은 무엇
이었나요?

친히 (   ) 그 몸으로 우리 죄를 담당하셨으니 이는 우리로 죄에

대하여 죽고 의에 대하여 살게 하심이라 그가 채찍에 맞음으로

너희는 나음을 얻었나니(벧전 2:24)

답 (   )

인간들을 구원하시기 위해 십자가에 달려서 죽으시고 끝났다면 예수님도 일반 사람들과 다를 바가 없을 것입니다. 4대 성인 중의 한 명일 수도 있고요. 그런데 예수님은 또 다르셨습니다. 다른 종교나 사람들과 근본적으로 다름을 이것으로 구분할 수도 있습니다.

9_ 예수님이 다른 종교나 사람들과 근본적으로 다른 이유가 무엇이 있었기 때문인가요?

1) 예수께서 이르시되 나는 (   )이요 생명이니 나를 믿는 자는 죽어도 살겠고 무릇 살아서 나를 믿는 자는 영원히 죽지 아니하리니 이것을 네가 믿느냐(요 11:25-26)

2) 만일 우리가 그리스도와 함께 죽었으면 또한 그와 함께 살 줄을 믿노니 이는 그리스도께서 (   ) 다시 죽지 아니하시고 사망이 다시 그를 주장하지 못 할 줄을 앎이로라(롬 6:8-9)

답 1) (   )

　　2) (   )

　　3) 이유 (   )

그래서 기독교를 생명의 종교라고 합니다. 즉, 다른 종교와 전혀 다른 종교라는 것이지요. 다른 종교는 사람이 만든 신을 사람들이 섬기는 것이고, 기독교는 하나님이 오셔서 인간을 부르시고 섬기도록 한 것이므로 근본직으로 다른 것입니다. 부활하신 예수님은 이제 하나님 나라에 가셨지만 하실 일을 마치신 것이 아닙니다.

10_이에 예수님이 마지막 하실 일을 이루시기 위해 어떻게 하신다고 성경에서 말하고 있나요?

그 때에 인자의 징조가 하늘에서 보이겠고 그 때에 땅의 모든 족속들이 통곡하며 그들이 (   )을 보리라 그가 큰 나팔소리와 함께 천사들을 보내리니 그들이 그의 택하신 자들을 하늘 이 끝에서 저 끝까지 사방에서 모으리라 (마 24:30-31)

답 (   )

■●● 생활 열기

그렇습니다. 이제 예수님은 다시 세상에 오셔서 예수님을 영접한 자는 구원과 상급으로, 영접하지 않은 자는 사망과 심판으로 최종 판결을 하실 것입니다. 중요한 것은 그 때와 시기가 멀리 있지 않고 지금 가까이에 와 있다는 것입니다. 구원받을 기회가 많이 주어지지 않는다는 것입니다. 우리는 예수님을 영접한 자로 구원의 반열에 올라있는 자들입니다. 사망과 심판에서 제외된 사람들이지요. 그 감사의 마음을 한시라도 잊어서는 안되겠습니다.

1. 알게 된 새로운 사실이 무엇인가요?

2. 말씀을 배우면서 받은 은혜는 무엇인가요?

3. 사실과 은혜에 대한 나의 다짐은 무엇인가요?

여기서 잠깐

사람들은 하나님의 아들 예수님이 사람이었다는 것을 증명하기 위해서 많은 노력과 수고를 아끼지 않았습니다. 그런데 오히려 그러한 노력과 수고가 예수님이 사람이 아니었다는 것을 증명해 내곤 합니다.

그러자 요즘은 구원의 길이 예수님이 아니어도 받을 수 있다는 논리로 예수님을 부정하려고 합니다. 다시 말해서 불교에도, 유교에도, 천주교에도, 이슬람교에도, 기타 종교에도 천국에 갈 수 있다는 종교다원주의를 주장하고 있다는 것입니다. 사탄의 전략이요 계략이겠지요. 그런 논리를 제시하고 주장하는 자들은 사탄의 도구이구요. 여타 사람들 뿐만 아니라 목회자와 신학자들도 이런 소리를 하고 있으니 우리 성도들은 잘 구분해서 들어야 합니다.

그러므로 내가 너희에게 알리노니
하나님의 영으로 말하는 자는
누구든지 예수를 저주할 자라 하지 아니하고
또 성령으로 아니하고는
누구든지 예수를 주시라 할 수 없느니라
(고전 12:3)

성령에 대해서 04

제4과
성령에 대해서

◖◗◗◗ **생각 열기**

부활하신 예수님은 하늘나라로 가셔야 했습니다. 이것을 아시고 예수님께서는 가시기 전에 제자들에게 '내가 가면 나를 대신할 자를 보내주겠다.'고 약속하셨습니다. 그 약속한 분이 오셔야 우리에게 오히려 유익이 된다고 하셨습니다. 그 이야기를 들을 때만 해도 제자들은 그 의미를 몰랐습니다.

◖◗◗◗ **성경 열기**

1_ 예수님이 보내주시겠다고 약속하신 분의 이름을 예수님은 뭐라고 하셨나요?

내가 너희에게 실상을 말하노니 내가 떠나가는 것이 너희에게 유익

이라 내가 떠나가지 아니하면 (   )가 너희에게로 오시지 아니

할 것이요 가면 내가 그를 너희에게로 보내리니(요 16:7)

답 (   )

그렇습니다. 예수님은 육신의 몸을 가지고 계시기에 인간이 이해할
수 있는 방법으로 우리를 도우실 수가 없습니다. 그래서 다른 방법으
로 우리를 위해 보내시는 분이 성령인 것입니다. '하나님의 신'이라고
표현하기도 하고, '진리의 성령'이라고도 합니다.

2_그렇다면 이 성령님은 언제부터 계셨을지 단어를 찾아보
고 그 이유를 이야기해보세요.

하나님이 이르시되 우리의 형상을 따라 우리의 모양대로 우리가

(   ) 그들로 바다의 물고기와 하늘의 새와 가축과 온 땅과 땅에

기는 모든 것을 다스리게 하자 하시고(창 1:26)

답 1) (   )

  2) 이유 (   )

예수님을 배울 때도 언급이 있었지만 이렇게 하나님께서 천지를 창
조하실 때에 예수님뿐만 아니라 성령님도 함께 하셨다고 했습니다.
그래서 성경은 '우리'라는 복수를 사용해서 하나님과 예수님과 성령
님이 함께하셨음을 알려주십니다. 이것을 교리적으로 '삼위일체'라고
합니다. 즉, '성부 하나님''성자 하나님''성령 하나님'을 줄여서 성부,

성자, 성령이라고 하며 이를 삼위일체라고 합니다.

3_그래서 성령님도 인격적이라고 할 수 있는데 다음 성경구절의 빈칸을 채우고 그 말이 성령의 각각 어떤 인격을 말하고 있는지를 이야기해보세요.

　　1) 오직 하나님이 성령으로 이것을 우리에게 보이셨으니 성령은 모
　　　 든 것 곧 하나님의 깊은 것까지도 (　　　)하시느니라(고전 2:10)

　　답(　　　) - (　　　)

　　2) 하나님의 성령을 (　　　)하게 하지 말라 그 안에서　희가 구원
　　　 의 날까지 인치심을 받았느니라(엡 4:30)

　　답(　　　) - (　　　)

　　3) 이 모든 일은 같은 한 성령이 행하사 (　　　) 대로 각 사람에게
　　　 나누어 주시는 것이니라(고전 12:11)

　　답(　　　) - (　　　)

　　이렇게 예수님을 대신해서 오신 성령님은 이제 영으로 오셨기 때문에 시공간을 초월하여 우리를 도우십니다. 성령님은 우리를 회개시키시기 위한 아주 중요한 일을 하십니다. 하나님의 큰 계획 가운데 성령님이 오셨기에 이 일이 아주 소중합니다.

4_보혜사 성령님이 오셔서 하시는 일을 성경에서 뭐라고 표현했나요?

그가 와서 죄에 대하여, 의에 대하여, 심판에 대하여 세상을 (   )

하시리라(요 16:8)

답(   )

구원은 회개하는 것에서 이루어지지 않습니다. 자기가 죄인임을 고백하고 즉, 회개하고 예수님을 구주로 영접해야 이루어집니다. 이러한 것들은 모두 인위적으로 되지 않습니다. 이렇게 회개하고 예수님을 구주로 고백할 수 있어야 합니다.

5_ 그렇다면 예수님을 주로 고백하고 영접하도록 시키시는 분은 누구이겠습니까?

그러므로 내가 너희에게 알리노니 하나님의 영으로 말하는 자는

누구든지 예수를 저주할 자라 하지 아니하고 또 (   )으로 아니

하고는 누구든지 예수를 주시라 할 수 없느니라(고전 12:3)

답(   )

사실 예수님이 구원을 이루시고 하늘에 가시면 그 구원의 방법이나 예수님에 대해서 그 누군가가 알려주어야 하는데 그 방법이 묘연해질 수밖에 없습니다. 물론 사도들이나 그 제자들 그리고 그 제자들이 연속적으로 가르친다고는 하나 한계에 부딪힐 수밖에 없습니다. 그래서 예수님은 그 한계를 넘어설 수 있도록 보혜사 즉, 성령을 보내주시겠다고 하셨습니다.

6_ 예수님은 그 성령이 예수님에 대해서 생각나도록 어떻게 하시겠다고 말씀하시나요?

내가 아버지께로부터 너희에게 보낼 보혜사 곧 아버지께로부터 나오시는 진리의 성령이 오실 때에 그가 나를 (   )하실 것이요 (요 15:26)

답 (   )

성령의 도우심으로 우리가 구원받는 것을 아는 것만으로 끝난다면 우리는 성령의 역할을 하나밖에 모르는 것입니다. 반복된 얘기도 있지만 성령은 우리가 하나님 나라에 들어가도록 인도하시고(요 3:5), 우리 안에 거하시고(고전 3:16), 우리를 위해 간구하고 계시며(롬 8:26), 지혜와 지식도 공급해 주시고(고전 12:8), 의와 평강과 희락을 주시고(롬 14:17), 성령의 아홉 가지 열매를 맺게도 해 주십니다 (갈 5:22-23).

7_ 성령은 우리가 우리의 정체성을 깨닫도록 알게 해주십니다. 우리의 정체성이 무엇인지 다음 성경 구절에서 찾아보고 이야기해보시기 바랍니다.

성령이 친히 우리의 영과 더불어 우리가 (   )인 것을 증언하시나니(롬 8:16)

답 (   )

이렇게 성령님은 다양한 방법으로 우리를 도우십니다. 성령님의 역사가 아니고는 우리가 이 세대에서 회개하고 구원을 받을 수 없습니다. 성령께서는 우리의 죄를 깨닫게 하시고, 예수님에 대해서 증거도 하시고, 지혜와 지식도 공급해 주시고, 우리를 보호하고 계십니다.

8_ 성경은 베드로를 통해 성령은 우리에게 이것이라고 확실하게 가르쳐 줍니다. 베드로는 성령을 무엇이라고 이야기했나요?

베드로가 이르되 너희가 회개하여 각각 예수 그리스도의 이름으로 침(세)례를 받고 죄 사함을 받으라 그리하면 성령의 (　　　)을 받으리니(행 2:38)

답 (　　　　　　　　　)

그러나 성령은 아무에게나 임하는 것이 아닙니다. 성령을 받기를 사모하는 자에게 주신다고 약속하셨기 때문입니다(눅 11:13). 우리는 성령의 도우심으로 구원을 받았지만 연약하기 때문에 늘 넘어집니다. 이때 성령은 우리를 위해 근심하시며 기도하시고, 우리를 도와주십니다. 따라서 성령이 언제 우리에게 임하는 것인가 하는 것은 중요합니다. 그리고 성령이 누구에게 임하는지도 아주 중요합니다.

9_ 다음은 성령이 임하는 것을 보여주는데 성경 구절을 읽고 성령이 누구에게 임하는지를 이야기해보시기 바랍니다.

베드로가 이 말을 할 때에 성령이 (   )에게 내려오시니
(행 10:44)

답(   )

이 말씀은 우리가 복음을 전해야 하는 당위성을 제시해 주시는 말씀이기도 합니다. 즉, 말씀을 전하는 사람이 있어야 듣는 사람이 있을 것이고, 듣는 사람이 있어야 성령을 받을 수 있다는 것입니다. 하나님의 속성 중에서 편재하시고, 전지하시며, 전능하시다는 것은 이미 배웠습니다. 예수님도, 성령님도 마찬가지입니다.

10_다음 성경 구절은 성령의 속성 중에 무엇에 해당할지 읽어보고 이야기해보세요.

1) 내가 주의 영을 떠나 어디로 가며 주의 앞에서 어디로 피하리이까 내가 하늘에 올라갈지라도 거기 계시며 스올에 내 자리를 펼지라도 거기 계시니이다(시 139:7-8)

답(   )

2) 오직 하나님이 성령으로 이것을 우리에게 보이셨으니 성령은 모든 것 곧 하나님의 깊은 것까지도 통달하시느니라(고전 2:10)

답(   )

3) 이는 그리스도 예수 안에 있는 생명의 성령의 법이 죄와 사망의 법에서 너를 해방하였음이라(롬 8:2)

답(   )

우리는 성령의 도움 없이는 예수님을 주로 시인할 수 없습니다. 거꾸로 말하면 성령이 우리를 도와서 회개하게 하시고, 예수님을 주로 시인할 수 있도록 도와주신다는 말씀입니다. 그 성령님이 우리의 정체성도 알게 하시고 지금도 우리를 도우시는 고마우신 분입니다. 중요한 것은 그러한 성령님께 우리의 모든 것을 맡겨야 한다는 것입니다. 그럴 때 진정으로 우리의 인도자, 지도자가 되어 주실 수 있다는 것입니다.

여기서 잠깐

우리는 교회에서나 부흥회(사경회) 등에서 '성령 받으라'라는 말을 자주 듣습니다. 성령의 임재는 단회적 즉, 예수 그리스도를 구주로 영접하면 성령이 한번 임재하게 됩니다(고전 12:13). 그 성령은 우리의 인격에서 들랑달랑 하시는 분이 아니라는 것입니다. 그렇다면 우리는(성도가 된) 성령의 임재를 간구해야 하는 것이 아니라 성령 충만함을 간구해야 합니다. 성령 충만함이란 '성도가 하나님의 신에 온전히 감동되는 것으로(행 7:55) 성령께서 성도를 완전히 지배하는 상태' 즉, 성령께서 성도를 절대적으로 주장하시며 완전히 지배하시는 상태를 말합니다(엡 5:18).

모든 성경은 하나님의 감동으로
된 것으로
교훈과 책망과 바르게 함과
의로 교육하기에 유익하니
(딤후 3:16)

성경을
알아야만 05

제5과
성경을 알아야만

◗◗◗ 생각 열기

우리가 학교에 입학을 하거니 진급을 하게 되면 교과서를 받게 됩니다. 그것으로 지식을 쌓아가는 것입니다. 서점에는 수많은 책들이 있습니다. 그런데 그 책들의 판권을 보면 저자의 이름을 분명하게 밝히고 있습니다. 작자미상이라는 예외가 있기는 합니다만 저자는 자기가 이 책을 썼다고 분명하게 밝히고 있습니다.

◗◗◗ 성경 열기

1_그렇다면 우리가 보고 배우는 성경은 어떻게 기록이 되었다고 알려주고 있나요?

모든 성경은 (   )으로 된 것으로 교훈과 책망과 바르게 함과

의로 교육하기에 유익하니(딤후 3:16)

답(   )

   그렇습니다. 성경도 분명히 어떻게 기록이 되었다고 밝히고 있습니다. 여기 감동이란 말을 다른 곳에서는 영감이라는 말과 같이 사용하기도 합니다. 이 말을 Allen A. MacRae라는 사람은 "하나님께서 성경의 저자들을 인도하셔서 그들의 말이 그가 원하시는 사상을 전달하고 다른 영감 받은 책들의 사상과 올바른 관계를 지니며 사실과 교리와 판단에 있어서의 오류로부터 보호하신 성령의 특별한 행위이다." 라고 말했습니다.

2_성경의 저자들은 성경의 내용을 누구에게 받아 적었다고 가르쳐 주고 있나요?

   예언은 언제든지 사람의 뜻으로 낸 것이 아니요 오직 성령의 감동하심을 받은 사람들이 (   )께 받아 말한 것임이라(벧후 1:21)

답(   )

   그렇기 때문에 성경의 저자는 하나님이라는 것입니다. 세상의 이치가 정확하듯, 인체의 구조가 완벽하듯 하나님은 성경도 그렇게 기록하도록 하셨습니다. 사람들은 성경을 보기 편하게 구분을 해서 장과 절로 나눠 놓았습니다. 총 1,192장이고 31,173절로 되어 있지만 중요한 것은 그 내용들의 주제는 하나라는 것입니다.

3_그렇다면 성경은 누구에 대해서 쓴 책일까요?

너희가 성경에서 영생을 얻는 줄 생각하고 성경을 연구하거니와 이

성경이 곧 (   ) 대하여 증언하는 것이니라(요 5:39)

답(   )

모든 책에는 책의 기록 목적이 있습니다. 수험서는 시험을 치르기 위해 미리 공부하는 사람들을 위해 쓴 책이고, 전공서들은 전공자들의 공부를 돕기 위한 목적을 두고 썼으며, 외국어 회화책은 그 나라의 생활언어를 배우고자 하는 사람들을 위해 쓴 책입니다. 다른 모든 책들도 목적을 두고 썼다는 것입니다.

4_성경도 기록 목적이 있는데 그 목적이 무엇인지 다음을 읽고 이야기해보세요.

오직 이것을 기록함은 너희로 (   ) 이요 또 너희로 믿고 그

이름을 힘입어 (   ) 이니라(요 20:31)

답(   )

(   )

성경은 크게 두 영역이 있습니다. 예수님이 오시기 전까지 기록된 책을 구약이라고 하고, 예수님이 오신 후에 기록된 책을 신약이라고 합니다. 두 영역을 합해서 총 66권인데 이것을 쉽게 기억하는 방법으로 구구단의 하나를 생각하시면 됩니다. 즉, 3 × 9 = 27로 구약이 39

권, 신약이 27권 총 66권이라고 기억하면 쉽습니다.

5_이렇게 기록된 성경을 읽으므로 우리는 지혜를 얻을 수
있는데 어떤 지혜를 얻는다고 가르쳐주고 있나요?

> 또 어려서부터 성경을 알았나니 성경은 능히 너로 하여금 그리스도
> 예수 안에 있는 믿음으로 말미암아 (   )에 이르는 지혜가 있게
> 하느니라(딤후 3:15)
> 답 (   )

그렇다면 이 성경은 언제, 어떻게, 누가 기록하였을까요? 예수님 오
시기 전 약 1,500년 전의 모세로부터 예수님이 오시고 100여 년이 지
난 후 요한이 기록할 때까지를 대략 계산해 보면 1,600년 동안 기록
된 책입니다. 기록한 사람들도 왕에서부터 어부, 농부에 이르기까지
그리고 지혜 있는 자로부터 지식이 짧은 사람까지 다양합니다. 그래
도 중요한 것은 이들을 통해서 하나님이 책을 기록하도록 감동을 주
셨다는 것입니다.

6_이 성경을 읽고 배우므로 우리가 얻을 수 있는 유익이 무
엇 무엇이 있을까요?

> 모든 성경은 하나님의 감동으로 된 것으로 (   )과 (   )과
> (   )과 (   ) 하기에 유익하니(딤후 3:16)
> 답 (   ) (   ) (   ) (   )

모든 책은 기록 목적이 있기 때문에 그 책을 읽으면 그 목적을 이루어갈 수 있습니다. 성경에도 구원에 이르게 하는 지혜가 있고, 여러 가지 유익을 주는 책이지만 이 성경을 방치하거나 외면한다면 우리와 상관없는 책이 됩니다.

7_ 믿음이 구원의 전제라면 그 믿음은 어디에서부터 온다고 성경은 가르쳐주고 있나요?

그러므로 믿음은 들음에서 나며 들음은 (　　　　　)으로 말미암았느니라(롬 10:17)

답 (　　　　　　　　)

세계적인 베스트셀러라고 한다면 단연 성경입니다. 그만큼 사람들이 많이 찾고 사고 읽는다는 것이겠지요. 성도들의 집에도 성경은 한 권 이상은 될 것입니다. 사기도 했지만 선물로도 받았고, 또 식구들이 믿으면 식구들 수대로 성경을 사기 때문입니다. 그런데 이 성경을 어떻게 하라고 성경에서 말하고 있는지를 아는 것도 중요하다고 봅니다.

8_ 베뢰아의 성도들은 간절한 마음으로 말씀을 받았으며, 이 말씀이 그런가 하여 날마다 어떻게 했다고 알려주고 있나요?

베뢰아에 있는 사람들은 데살로니가에 있는 사람들보다 더 너그러워서 간절한 마음으로 말씀을 받고 이것이 그러한가 하여 날마다 성경

을 (　　　)하므로(행 17:11)

답 (　　　　　　　)

　베뢰아 사람들은 성경을 배우고 나면 그것으로 끝나지 않았다고 가르쳐줍니다. 배웠던 말씀을 면밀하고도 정확한 조사를 했다는 것입니다. 이 말이 상고라는 말입니다. 정말 중요한 것을 알려주는 것입니다. 왜냐하면 이단들도 성경을 가르치는데 우리가 그 세세한 내용을 모르면 속아 넘어가기가 쉽기 때문입니다. 따라서 성경을 배우고 깊이 묵상하며 더 배워서 성경을 기록한 목적을 정확하게 알아가야 하는 것입니다.

9_ 성경을 배우고 묵상하여 알게 되었다면 어떻게 해야 한다고 가르쳐주고 있나요?

　그러므로 누구든지 나의 이 말을 듣고 (　　　) 자는 그 집을 반석 위에 지은 지혜로운 사람 같으리니(마 7:24)

답 (　　　　　　　)

　배운 것을 자기 것으로 확실하게 만드는 것은 그 배운 것을 다른 사람에게 가르치는 것입니다. 학교 교사들이 베테랑 소리를 듣는다는 것은 그만큼 많이 가르쳤다는 것입니다. 그런데 실천하는 것이 중요합니다. 하나님의 말씀(성경)도 마찬가지입니다. 그런데 중요한 실천이 무엇인지를 아는 것도 더 중요하다고 하겠습니다.

10_성경은 배운 말씀을 어떻게 실천하라고 가르쳐주고 있나요?

너는 말씀을 (   )하라 때를 얻든지 못 얻든지 항상 힘쓰라 범사에 오래 참음과 가르침으로 경책하며 경계하며 권하라(딤후 4:2)

답 (   )

▰▰▰● 생활 열기

복음전파는 예수님이 하늘나라로 가시면서 우리에게 주신 지상명령(至上命令)입니다. 그만큼 중하고 반드시 지켜야 할 우리의 의무라는 것입니다. 우리는 말씀을 배우는 것으로 끝나는 것이 아니라 실천하는 것으로 끝을 봐야 합니다. 하나님을 사랑하고 이웃을 내 몸같이 사랑하며, 세상에서 빛과 소금으로 살면서 복음을 전파하라는 것이 성경에서 실천을 가르쳐주는 핵심입니다.

●●● 마음나누기

1. 알게 된 새로운 사실이 무엇인가요?

2. 말씀을 배우면서 받은 은혜는 무엇인가요?

3. 사실과 은혜에 대한 나의 다짐은 무엇인가요?

여기서 잠깐

 성경이 하나님 말씀이 아니라고 말하는 사람이 많이 있습니다. 일부 신학자들이나 목회자들도 포함되어 있음이 더 가슴이 아픕니다. 성경이 부분적으로나마 하나님의 말씀이 아니라는 것을 인정한다면 우리는 구원의 방법을 잃게 되는 것이요 영원한 심판으로 사망에 처하게 될 것입니다. 사탄은 집요하게 성경이 하나님의 말씀이 아니라고 여러 가지 혼란스런 말과 증거들을 들이댈 것입니다. 하와가 사탄의 집요한 공격에 속아 넘어간 것같이 우리 또한 성경을 정확히 배워 알지 못하면 사탄에게 우리의 영혼은 빼앗기게 될 것입니다.

또 내가 네게 이르노니
너는 베드로라 내가 이 반석 위에
내 교회를 세우리니
음부의 권세가 이기지 못하리라
(마 16:18)

제6과
교회의 개념 정리하기

●━━● **생각 열기**

밤에 거리에 나가보면 불이 들어온 십자가들이 주변에 꽉 차 있습니다. 교회라는 건물들입니다. 그래서 사람들은 '교회가 참 많다'라고 생각합니다. 맞기도 하지만 조금 다르기도 합니다. 그렇다고 그런 건물이 전혀 교회와 상관없다는 말은 아닙니다. 교회의 본질을 먼저 아는 것이 중요하다는 것입니다.

●━━● **성경 열기**

1_ 다음 성경 구절은 교회를 잘 말해주고 있습니다. 교회란 무엇을 말하고 있는지 다음을 읽고 이야기해보세요.

고린도에 있는 하나님의 교회 곧 그리스도 예수 안에서 거룩하여지

고 (   )라 부르심을 받은 자들과 또 각처에서 우리의 주 되신
(   )에게(고전 1:2)

답(   ) (   )

　그러니까 교회의 본질이 건물을 의미한다고 할 수 없는 것입니다. 다시 교회를 정의해 보면 '예수님을 구주로 믿는 거룩한 신앙 공동체'라는 것입니다. 예수 그리스도를 구주로 영접한 모든 사람들이 각각 교회가 된다는 것입니다. 건물로써의 교회는 구원받은 하나님의 사람들이 모여서 예배도 드리고 여러 가지 사역을 감당하는 장소를 말하는 것입니다.

2_그럼 교회라는 말의 출발 즉, 시작이 있는데 누가 교회를 세운다고 가르쳐주고 있나요?

　또 내가 네게 이르노니 너는 베드로라 (   ) 이 반석 위에 내 교회를 세우리니 음부의 권세가 이기지 못하리라(마 16:18)

답(   )

　이런 교회는 신약적인 교회를 의미합니다. 예수님으로부터 교회가 시작된 것입니다. 물론 구약시대에도 광야교회라고 있었습니다. 광야교회란 출애굽 이후 광야에서 생활을 하는 동안 하나님께서 지키시고 보호하신 '선민 이스라엘 백성' 곧 '하나님의 인도하심을 받는 이스라엘 백성의 총회'(신 18:16)를 말합니다(행 7:38).

3_ 예수님이 교회를 세우시겠다고 하신 후에 본격적으로 신약시대에 교회가 열리게 되는데 어느 날을 정점으로 해서 시작이 되었습니다. 다음을 읽고 어느 날인지 이야기해보세요.

(   ) 날이 이미 이르매 그들이 다같이 한 곳에 모였더니 홀연히 하늘로부터 급하고 강한 바람 같은 소리가 있어 그들이 앉은 온 집에 가득하며 마치 불의 혀처럼 갈라지는 것들이 그들에게 보여 각 사람 위에 하나씩 임하여 있더니 그들이 다 성령의 충만함을 받고 성령이 말하게 하심을 따라 다른 언어들로 말하기를 시작하니라 (행 2:1-4)

답 (   )

이렇게 시작된 교회는 예수님과 떼어놓고 생각할 수 없습니다. 예수님이 세우셨기 때문이지요. 교회는 예수님과 유기적인 관계라는 것입니다. 교회는 구원받은 성도들의 모임이라고 이미 배웠습니다.

4_ 예수님과 교회의 관계에서 예수님이 교회의 무엇이 되기에 중요하다고 하면서 세 가지 더 강조합니다. 무엇인가요?

그는 몸인 교회의 (   )시라 그가 (   )이시요 (   )시니 이는 친히 만물의 으뜸이 되려 하심이요(골 1:18)

답 (   ) (   ) (   )

예수님과 교회는 유기적 관계라고 했는데 유기적이라는 말을 사전에서는 "생물체처럼 전체를 구성하고 있는 각 부분이 서로 밀접하게 관련을 가지고 있어서 떼어 낼 수 없는 것"이라고 설명합니다. 그렇다면 예수님을 구주로 모신 사람이 교회라고 했는데 예수님과 우리와의 관계가 유기적이라고 하는 것입니다.

5_성경은 우리에게 예수님과 유기적인 관계임을 말해주고 있는데 다음 구절에서 그것을 찾아 이야기해보세요.

너희는 그리스도의 (   )이요 (   )의 각 부분이라

(고전 12:27)

답 (   ) (   )

그런데 사람들은 교회를 마치 자기들의 소유인 냥 다툼을 벌입니다. 건물로써의 교회도 그렇고, 성도로서도 그렇습니다. 교회의 주인이 자기들이라고 주장하는 것이지요. 그렇지 않습니다. 물론 건물로써의 교회를 사비(私備)를 들여 건물로써의 사유물은 될지 몰라도 교회의 본질적 성격은 소유할 수 없습니다.

6_교회는 어떤 대가를 지불하고 세웠다고 가르쳐주나요?

여러분은 자기를 위하여 또는 온 양 떼를 위하여 삼가라 성령이 그들 가운데 여러분을 감독자로 삼고 하나님이 (   )로 사신 교회를 보살피게 하셨느니라(행 20:28)

답 (   )

그렇기 때문에 영적인 면에서 교회를 어느 한 사람(특히 이단들)이 소유주라고 한다거나 건물을 가지고 서로 싸우고 분리하는 것은 정말 교회의 주인이신 예수님을 모독하는 것입니다. 예수님이 피를 흘려서 직접 사신 것이 교회이기에 그 누구도 교회의 주인이라고 나서는 것은 잘못입니다. 특별히 예수님이 계신 곳이 교회이기에 우리 성도 각자도 교회인 것입니다. 따라서 교회는 이단이나 사탄의 공격 대상이기에 말씀으로 잘 무장하고 있어야 합니다.

7_교회의 여러 사명 중에 가장 중요한 사명이 있습니다. 하나님은 이런 자를 찾으신다고 하셨는데 어떤 자를 찾으신다고 하셨나요?

　아버지께 참되게 (　　　)하는 자들은 영과 진리로 (　　　)할 때가 오나니 곧 이 때라 아버지께서는 자기에게 이렇게 (　　　)하는 자들을 찾으시느니라(요 4:23)

　답 (　　　　) (　　　　) (　　　　)

교회하면 예배라는 단어가 금방 떠오릅니다. 하나님은 사람을 만드실 때에 사람들로부터 영광을 받으시기를 원하셨습니다. 그 영광 돌리는 하나의 방법이 예배이기도 합니다. 가장 소중한 교회의 사명이지요. 우리가 주일마다 교회에 모여서 예배하는 것도 중요하지만 우리 개인이 교회이기에 늘 하나님께 예배하는 자세로 살아가는 것이 더 중요합니다.

8_예수님이 승천하시면서 명령한 것에서 아주 강하게 명령하신 것 중에 있는 교회의 사명이 무엇일까요?

> 그러므로 너희는 가서 모든 민족을 제자로 삼아 아버지와 아들과 성령의 이름으로 침(세)례를 베풀고 내가 너희에게 분부한 모든 것을 (　　　) 지키게 하라 볼지어다 내가 세상 끝날까지 너희와 항상 함께 있으리라 하시니라(마 28:19-20)
>
> 답(　　　　　　　)

가르치는 사역은 예수님의 공생애 중에서 가장 많이 하신 사역입니다. 하나님의 말씀을 아는 것이 구원으로 가는 것임을 아셨기에 예수님은 가르치는 사역을 멈추지 않으셨고, 승천하시면서까지 아주 강하게 명령하셨던 것입니다.

9_그리고 예수님은 교회에게 주신 명령 중의 하나가 이것이 되라고 하셨는데 이것이 무엇인가요?

> 오직 성령이 너희에게 임하시면 너희가 권능을 받고 예루살렘과 온 유대와 사마리아와 땅끝까지 이르러 내 (　　　)이 되리라 하시니라 (행 1:8)
>
> 답(　　　　　)

그 명령을 준행함이 교회의 사명이기에 오늘도 많은 교회와 전도자들 그리고 선교사들이 국내와 국외를 다니면서 증인의 삶을 살고 있습니다. 이러한 명령은 예수님이 다시 오시는 그 날까지 지속되어야 하는 것입니다. 피로 값 주고 교회를 세우신 목적이 여기에 있다고 해도 맞는 말입니다.

10_대교회에서는 성도들이 사도들의 가르침을 받아 교회에 모여 떡을 떼기도 하고, 기도에 힘쓰기도 했으며, 또 서로 무엇을 했다고 알려주고 있나요?

그들이 사도의 가르침을 받아 서로 (　　　) 하고 떡을 떼며 오로지 기도하기를 힘쓰니라(행 2:42)

답 (　　　　)

생활 열기

예배와 교육 그리고 전도(선교)와 교제를 교회가 해야 하는 봉사를 포함하여 5대 사명이라고 합니다. 이 모든 단어들을 정리하면 교회는 구원의 복음을 전하여 하나님과 사람들과의 화해를 이루게 하여 하나님께 영광을 돌려야 한다는 것입니다. 따라서 이렇게 정해진 단어만이 교회의 사명이 아니라 이 모든 것을 행하며 빛과 소금의 역할로 하나님께 영광돌리는 것이 유형 및 무형교회의 사명이라고 할 수 있습니다.

1. 알게 된 새로운 사실이 무엇인가요?

2. 말씀을 배우면서 받은 은혜는 무엇인가요?

3. 사실과 은혜에 대한 나의 다짐은 무엇인가요?

여기서 잠깐

　　교회를 예수님이 자기 피로 사셨다고 했는데 현대 대형교회 등 건물로써의 교회를 예수님이 피를 흘려서 사셨을까를 생각해봅니다. 결국 예수님이 피를 흘려 사신 것은 우리를 구원해 주셨다는 말씀이고 그래서 우리가 교회라는 것입니다. 경쟁하듯 많은 돈을 들여 웅장하고 화려한 건물을 짓는 것은 교회를 세우는 근본 정신이 아니고 예배의 처소와 사역의 공간을 만드는 것이기에 교회라는 정신에 맞는다고 할 수 없습니다. 교회는 성령이 계신 곳이기에 그렇습니다.

너희는 여호와
우리 하나님을 높여
그의 발등상 앞에서 경배할지어다
그는 거룩하시도다
(시 99:5)

예배에 대한
바른 이해 **07**

제7과
예배에 대한 바른 이해

●●●● 생각 열기

교회하면 예배가 떠오릅니다. 앞에서도 공부했지만 교회의 가장 중요한 사명은 하나님께 예배하는 것이라고 했습니다. 사전에서 '예배'라는 단어의 뜻을 찾아보면 "성경을 읽고, 기도와 찬송으로 하나님께 대한 숭경(崇敬)의 뜻을 나타내는 일"이라고 되어 있습니다. 그러기에 기독교인으로서의 예배는 정말 중요하며 생명과도 같은 것입니다.

●●●● 성경 열기

1_예배의 목적이 하나님을 경배하는 것이라면 그 예배를 통해 무엇을 하기 위해서인가요?

너희는 여호와 우리 (　　　　　) 그의 발등상 앞에서 경배할지어다
그는 거룩하시도다(시 99:5)

답 (　　　　　　　　　)

기독교에서 드리는 예배는 우리를 만드신 살아계신 하나님께 드리는 것입니다. 사람이 신을 만들어 놓고 그것을 믿는 세상 종교와는 전혀 다른 개념입니다. 우리는 예배를 통해서 우리를 구원해 주신 것에 감사하고, 하나님을 찬양하며, 하나님을 체험하는 것입니다. 이러한 예배 행위를 하나님은 어느 일부가 하는 것을 원치 않으십니다.

2_ 하나님은 누가 예배하기를 원하시는지 다음을 읽고 이야기해보세요.

주여 주께서 지으신 (　　　　　　)이 와서 주의 앞에 경배하며 주의
이름에 영광을 돌리리이다(시 86:9)

답 (　　　　　　)

세상을 만드신 하나님이 제일 싫어하시는 것은 당신이 만드신 피조물 특히 인간이 하나님보다 다른 것을 사랑하는 것입니다. 그도 그럴 것이 하나님이 보실 때는 다 하나님이 만드신 것인데 그것을 하나님과 동일하게 생각하고 그것을 섬기는 것이 얼마나 화가 나고 가증스럽겠느냐는 것이지요.

3_예수님께서도 우리가 경배해야 할 대상이 단수임을 분명히 말씀하십니다. 누구일까요?

이에 예수께서 말씀하시되 사탄아 물러가라 기록되었으되 주 너의

(   )께 경배하고 다만 그를 섬기라 하였느니라(마 4:10)

답 (   )

하나님께서도 일찍이 "네가 하늘을 향하여 눈을 들어 해와 달과 별들, 하늘 위의 모든 천체 곧 너희의 하나님 여호와께서 천하 만민을 위하여 배정하신 것을 보고 미혹하여 그것에 경배하며 섬기지 말라."(신 4:19)고 경고하시면서 경배의 대상을 정해주셨습니다. 이렇게 예배는 하나님께 경배하는 것이기에 예수님은 예배하는 자가 영과 진리로 예배하라고 하십니다(요 4:24). 다시 말해 거짓 없는 마음과 진실한 마음으로 영이신 하나님께 예배하라는 것이지요. 입술로만 공경하고 마음이 먼 예배는 진정한 예배가 아니고 오히려 책망 받을 예배라는 것입니다.

4_책망 받을 예배는 어떤 예배라고 예수님께서 가르쳐주고 계신가요?

이 백성이 입술로는 나를 공경하되 마음은 내게서 멀도다 사람의 계명으로 교훈을 삼아 가르치니 나를 (   ) 경배하는도다 하였느니라(마 15:8-9)

답 (   )

영과 진리로 그리고 우리가 하나님이 받으실 만한 거룩한 산 제물이(롬 12:1) 되어 드리는 예배를 하나님께서 받으신다고 하셨습니다. 사람 중심의 예배가 아니라 하나님 중심의 예배를 드려야 한다는 것입니다. 요즘 교회에서 드리는 예배를 다시 한 번 생각해봐야 하는 대목입니다.

5_ 우리가 예배드리기 전에 먼저 해결할 것이 무엇이라고 예수님께서 가르쳐주고 계신가요?

> 예물을 제단에 드리려다가 거기서 네 형제에게 원망들을 만한 일이 있는 것이 생각 나거든 예물을 제단 앞에 두고 먼저 가서 형제와
>
> (   )하고 그 후에 와서 예물을 드리라(마 5:23-24)
>
> 답(   )

그런데 우리가 언제 예배를 드려야 하는 것도 중요합니다. 물론 우리 각각이 교회이기에 매일의 삶이 예배여야 함은 불문가지입니다. 그러나 공동체 예배 즉, 주일(일요일)날 성도들이 모여서 같이 예배를 드리는 것이 있는데 현대 교회에서 드리는 예배와 같습니다. 그런데 요즘은 시간적인 개념을 자꾸 깨뜨리려는 시도들이 있어 마음이 아픕니다.

6_ 성경은 예배하는 시간을 가르쳐 주고 있는데 언제라고 얘기해 주고 있나요?

그 (   )에 우리가 떡을 떼려 하여 모였더니 바울이 이튿날 떠나
고자 하여 그들에게 강론할새 말을 밤중까지 계속하매(행 20:7)

답(   )

유대적인 개념의 첫 날은 오늘날 세상에서 말하는 일요일, 우리가
말하는 주일입니다. 그러한 전통에 의해 우리는 지금 주일에 예배를
드리고 있는 것입니다. 그런데 요즘은 사람의 형편과 사정에 따라서
이러한 정해진 예배를 다른 요일로 옮기려는 시도들도 있다는 것입니
다. 아마 주일의 개념을 희석시키려는 사탄의 계략이기에 경계해야
함이 분명합니다.

7_ 그렇다면 왜 우리가 주일에 예배를 드리는지 성경에서 그
근거를 찾아보고 그 이유를 이야기해보시기 바랍니다.

안식 후 첫날 새벽에 이 여자들이 그 준비한 향품을 가지고 무덤에
가서 돌이 무덤에서 굴려 옮겨진 것을 보고 들어가니 주 (   )
(눅 24:1-3)

답 1) (   )
  2) 이유 (   )

안식 후 첫날에 예수님께서 부활하셨기 때문에 우리는 그 날을 기
념하여 그 날에 하나님께 예배를 드리는 것입니다. 구약시대에는 안
식일 즉, 토요일이 하나님이 창조를 마치신 안식일이어서 그날을 기

억하지만 신약시대에 와서는 예수님이 안식 후 첫날 즉, 오늘날 주일(일요일)에 부활하셔서 그 날을 기념하는 것입니다.

8_그렇다면 구약에서는 안식일(지금의 주일)의 개념을 어떻게 지냈는지 다음을 읽고 이야기해 보세요.

안식일을 기억하여 (   )하게 지키라(출 20:8)

답 (   )

구약에서도 이 날을 거룩하게 지키라고 명령하고 계십니다. 하나님이 6일 동안 세상을 창조하시고 일곱째 날 쉬셨기 때문에 우리에게도 쉬면서 거룩하게 지키라고 하셨습니다. 아들이나 딸이나 남종이나 여종이나 가축이나 문안에 머무는 객이라도 아무 일도 하지 말라고 하셨습니다. 이러한 자세가 거룩하게 지키는 것입니다.

9_안식일을 범하게 되면 어떻게 된다고 성경에서는 경고하고 있습니다. 무엇이 끊어진다고 이야기하고 있나요?

너희는 안식일을 지킬지니 이는 너희에게 거룩한 날이 됨이니라. 그 날을 더럽히는 자는 모두 죽일지며 그 날에 일하는 자는 모두 그 백성 중에서 그 (   )이 끊어지리라(출 31:14)

답 (   )

구약에서 보면 안식일을 어기면 죽이라고까지 했습니다. 그렇게까지 하나님은 안식일을 아주 중요하게 여기셨습니다. 이것은 율법이었습니다. 그런데 예수님이 이러한 율법을 사랑으로 완성하셨기에 그러한 형벌이 우리에게 주어지지는 않습니다. 그러나 정말 중요한 것은 그러한 정신은 지금도 살아있다는 것입니다.

10_오늘날 교회에서 드리는 예배는 교회의 형편에 따라 시간은 다를 수 있습니다. 그러나 예배 시간을 어떻게 생각하고 지켜야 하는지 다음 빈칸을 채우고 이야기해보세요.

예배는 (   )에서부터 마칠 때의 (   )까지를 말합니다.

답 (   ) (   )

● ●●● **생활 열기**

요즘 예배는 사람 중심의 예배로 흘러가는 듯하여 마음이 무겁습니다. 사람들이 보기 좋게 꾸민 순서, 사람들의 편리를 위한 영상 동원, 사람들 귀에 듣기 좋은 즐거운 메시지 등 한결같이 예배의 대상은 보이지 않는 예배가 많습니다. 예배에 참석하는 성도들의 자세도 문제입니다. 예배의 진정한 의미를 안다면 많은 회개와 고침이 있어야 할 것입니다.

1. 알게 된 새로운 사실이 무엇인가요?

2. 말씀을 배우면서 받은 은혜는 무엇인가요?

3. 사실과 은혜에 대한 나의 다짐은 무엇인가요?

여기서 잠깐

하나님은 "안식일을 기억하여 거룩하게 지키라" 하셨는데 이 말씀은 아마 아담과 하와를 만드시고 동산 중앙에 있는 나무의 열매를 따 먹지 말라고, 먹으면 반드시 죽을 것이라고 하신 말씀과 상통한다고 봅니다. 즉, 피조물이라는 것을 잊지 말고 조물주인 하나님을 늘 기억하며 그의 말씀에 순종하라는 것입니다. 그리고 하나님이 인간을 만드신 목적인 그들로 하여금 영광받으시기를 원하고 계신다는 것을 결코 잊지 말고 실천하라는 명령인 것입니다.

그 날에는 너희가 아무 것도
내게 묻지 아니하리라
내가 진실로 진실로 너희에게 이르노니
너희가 무엇이든지 아버지께 구하는 것을
내 이름으로 주시리라
(요 16:23)

성도의 생활의
짧은 정리 08

제8과
성도의 생활의 짧은 정리

■■■■ **생각 열기**

예수님을 구주로 영접하고 교회에 다니는 사람을 '성도'라고 합니다. 앞에서 공부한 '거룩한 공동체' 라는 말과 상통하는 말이죠. 한 나라의 국민이면 그 나라에서 정해놓은 규율과 의무와 권리와 혜택이 있듯이 하나님 나라의 성도로 부르심을 받은 우리에게도 의무와 권리와 특혜가 있습니다.

■■■■ **성경 열기**

1_성도로서의 가장 중요한 의무는 예배인데 그 예배를 언제 드리라고 가르쳐 주시나요?

(   )에 너희 각 사람이 수입에 따라 모아 두어서 내가 갈 때에

연보를 하지 않게 하라(고전 16:2)

답 (   )

매주 첫날이란 예수님이 부활하신 날, 안식 후 첫날인 주일(일요일)을 말합니다.

2 _주일을 거룩하게 보내는 자들에게 주신다는 하나님의 복은 무엇인가요?

만일 안식일에 네 발을 금하여 내 성일에 오락을 행하지 아니하고 안
식일을 일컬어 즐거운 날이라, 여호와의 성일을 존귀한 날이라 하여
이를 존귀하게 여기고 네 길로 행하지 아니하며 네 오락을 구하지 아
니하며 사사로운 말을 하지 아니하면 네가 (   ) 을 얻을 것이
라 내가 너를 (   ) 네 조상 (   ) 여호와의 입의 말씀이
니라(사 58:13-14)

답 (   )

　(   )

　(   )

이렇게 성도는 성도의 기본생활인 주일을 잘 지켜야 하는 것입니
다. 그럴 때 하나님은 예배를 받으시기만 하는 것이 아니라 더 큰 복
으로 채워주신다는 것입니다. 또 성도는 하나님과 교제를 많이 나눠
야 합니다. 숨 쉬는 동안 늘 교제하는 것은 기본이지만 특별한 방법을

가르쳐주셨기 때문에 우리는 그것으로 하나님과 교제도 해야 하는 것입니다.

3_ 하나님과 교제하는 방법으로 기도를 말할 수 있는데 우리는 왜 기도를 해야 하는지 다음을 읽은 후 그 단어를 찾고 이유를 이야기해보시기 바랍니다.

( ) 그리하면 너희에게 주실 것이요 ( ) 그리하면 찾아낼 것이요 ( ) 그리하면 너희에게 열릴 것이니(마 7:7)

답 1) ( ) ( ) ( )

2) 이유 ( )

그런데 그런 기도를 어느 시간만 한다는 것은 교제를 단편적으로 끝내는 것이 되어버립니다. 하나님은 그러한 것을 원하지 않으셨습니다. 하나님은 지속적으로 우리와 교제하기를 원하셨습니다. 사실 기도는 하나님을 위한 것이 아니라 우리들을 위한 하나님께서 주신 복입니다.

4_ 그럼 우리는 언제 기도해야 하는지 다음 성경 구절들을 읽고 각 단어들을 이야기해보세요.

1) ( ) 기도하라(살전 5:17)

2) 기도를 ( ) 기도에 감사함으로 깨어 있으라 (골 4:2)

3) 만물의 마지막이 가까웠으니 그러므로 너희는 정신을 차리고

(　　　) 기도하라(벧전 4:7)

답 1) (　　　　　) 2) (　　　　) 3) (　　　　　　)

　명령에 의해 순종만 한다면 힘이 들 것입니다. 하나님도 그러한 것을 원치 않으시고요. 기도하라고 명령하셨다면 하나님은 분명 그 이유를 가지고 계실 것입니다. 성경에서는 그 이유를 정말 여러 곳에서 가르쳐 주고 있습니다. 그 이유를 알면 우리는 기도하지 않을 수 없을 것입니다.

5_우리가 하나님께 구하는 것을 하나님은 어떻게까지 주시겠다고 하셨는지 하나의 대표로 다음을 읽고 이야기해 보시기 바랍니다.

　그 날에는 너희가 아무 것도 내게 묻지 아니하리라 내가 진실로 진실로 너희에게 이르노니 너희가 (　　　　) 아버지께 구하는 것을 내 이름으로 주시리라(요 16:23)

　답 (　　　　　　　　　)

　여기서 말하는 무엇이든지는 우리에게 이로운 것을 주시겠다는 것입니다. 만약 우리가 구하는 것이 우리에게 해로운 것이 될 것 같으면 하나님은 주시지 않습니다. 그리고 더 중요한 것이 있습니다. 기도라는 개념의 핵심이 될 수도 있을 것입니다.

6_기도의 핵심 즉, 우리가 먼저 구할 것이 무엇인지 다음을 읽고 이야기해보세요.

그런즉 너희는 먼저 (　　　　)와 (　　　　)를 구하라 그리하면 이

모든 것을 너희에게 더하시리라(마 6:33)

답 (　　　　　　　)(　　　　　　　　)

또 주님께서는 성도인 우리에게 기도뿐만 아니라 하라고 명령하신 것이 또 있습니다. 성도로서의 의무를 부여하신 것입니다. 그런데 의무를 충실히 감당하면 이미 살펴본 것처럼 그 이상을 우리에게 채워주시기 때문에 우리는 의무를 감당하는 손해나 부담이 없는 것입니다.

7_예수님께서 우리에게 온 천하에 다니며 무엇을 전파하라고 하셨나요?

또 이르시되 너희는 온 천하에 다니며 만민에게 (　　　　)을 전파하

라(막 16:15)

답 (　　　　　　　　　　)

이 명령은 예수님께서 승천하시면서 주신 아주 큰 명령이기에 우리는 이 명령을 지상명령이라고 합니다. 이 명령의 순종은 믿지 않는 자들에게 아주 복된 일입니다. 그러기에 예수님이 아주 강하게 명령하신 것입니다. 예수님이 이 땅에 오신 목적이기도 합니다.

8_전도를 통하여 사람들이 얻을 수 있는 것이 무엇인지 다음을 읽고 이야기해보세요.

이르되 주 예수를 믿으라 그리하면 너와 네 집이 (   )을 받으리
라 하고 주의 말씀을 그 사람과 그 집에 있는 모든 사람에게 전하더
라(행 16:31-32)

답(   )

우리나라에는 국민의 4대 의무라고 해서 반드시 지켜야 하는 것이 있습니다. 아마 다른 나라에도 국민들에게 지키라고 하는 의무를 부여하고 있을 것입니다. 성도들에게도 부여된 의무를 위에서 몇 가지를 살펴보았습니다. 또 한 가지는 헌금입니다. 그런데 헌금의 개념을 잘못 이해하게 되면 시험에 들기도 하고, 또 악용하기도 합니다.

9_하나님은 헌금(물)에 대해서 분명하게 가르쳐주시고 있습니다. 왜 우리가 헌금을 드려야 한다고 가르쳐주고 있나요?

나와 내 백성이 무엇이기에 이처럼 즐거운 마음으로 드릴 힘이 있었
나이까 모든 것이 (   ) 우리가 주의 손에서 받은 것으로 주께
드렸을 뿐이니이다(대상 29:14)

답(   )

그렇습니다. 우리 주님께서 모든 것을 주셨다는 것을 인정하는 것에서부터 헌금(물)이 시작된다는 것입니다. 그러기에 억지로 하거나

인색한 마음으로(고후 9:7) 하면 안 된다고 경고하십니다. 즐겨내는 자의 것을 하나님께서는 받으시고, 그냥 받으신 것으로 또 끝내시는 분이 아니라는 것입니다.

10_즐겨내는 사람에게 하나님은 어떻게 채워주시겠다고 약속하셨는지 다음을 읽고 이야기해 보시기 바랍니다.

> 만군의 여호와가 이르노라 너희의 온전한 십일조를 창고에 들여 나의 집에 양식이 있게 하고 그것으로 나를 시험하여 내가 하늘 문을 열고 너희에게 복을 (   ) 붓지 아니하나 보라(말 3:10)
> 답 (   )

🔵🔵🔵 생활 열기

어떤 사람들은 구약과 신약으로 나누고 구분해서 성경의 본질을 자꾸 흐리려고 합니다. 예를 들어 십일조는 구약적인 것이기에 신약에서는 하지 않아도 된다는 억지주장을 펼치고 있다는 것입니다. 주일 개념도 자꾸 구약의 안식일을 말하면서 신약의 주일 개념을 희석시키려고 합니다. 이것 또한 사탄의 전략입니다. 성경의 정신은 구약과 신약을 넘어 영원토록 이어지는 것입니다.

1. 알게 된 새로운 사실이 무엇인가요?

2. 말씀을 배우면서 받은 은혜는 무엇인가요?

3. 사실과 은혜에 대한 나의 다짐은 무엇인가요?

여기서 잠깐

빛과 소금으로 산다는 것은 결코 쉬운 일이 아닙니다. 그렇다고 너무 어려운 것도 아닙니다. 성경 말씀대로 그리고 세상의 규범대로 살면 그것이 타인의 모범이요 모델이 되는 것입니다. 성도가 성경과 사회적 규범을 지키면서 산다면 그것이 예수님이 말씀하신 빛과 소금으로 사는 의미가 될 것이며 그런 성도로서의 삶이 복음을 전하게 되는 것이 되기도 합니다.

때를 얻든지 못 얻든지 항상 힘쓰라
범사에 오래 참음과 가르침으로
경책하며 경계하며 권하라
(딤후 4:2)

정답 및 해설 **부록**

1과 구원에 대한 정확한 이해

> 구원이란 말을 라이프성경사전에서 보면 "노예 상태나 곤란한 처지에 있는 사람을 건져내어 자유를 주는 행위, 또는 죄와 사망의 권세로부터 건져내어 영원한 생명을 누리게 하는 행위"라고 되어 있습니다. 그런데 그 구원은 죄와 깊은 관계가 있으며, 믿음하고도 깊은 관계가 있습니다. 믿음이란 죄를 회개하고 예수 그리스도를 나의 주님으로, 구원자로 믿는 것을 말하는데 이것을 조금 구체적으로 말하면 나의 죄를 대속하시기 위해 십자가를 지신 예수 그리스도를 인격적으로 영접하는 것을 말합니다.

1. (죄)

기독교에서는 죄에 대해서 '원죄'와 '자범죄'로 나누어서 설명합니다. 성경에 쓰인 죄란 단어의 뜻을 종합적으로 해석해 보면 '올바른 목표를 빗나가다'란 의미로 '하나님 말씀에 불순종하여 하나님께서 의도하신 것에서부터 벗어났다'라고 할 수 있습니다. 그로인해 하나님께서 하나님과 인간과의 분리 즉, 사망을 선언하셨던 것입니다(창 3:19). 이것을 원죄라고 합니다. '자범죄'란 이런 "원죄로부터 나오는 모든 나쁜 생각과 행동"을 말합니다. 이 자범죄를 쉬운 다른 말로 '악'이라고 할 수 있습니다. '죄'와 '악'을 다르게 표현해 보면 죄는 하나인데 악은 여러 가지 즉, 악은 죄로부터 나온 결과물들이라는 것입니다. 이 두 단어는 사전에도 쉽게 설명이 되어 있습니다. "죄: 〈기독교〉 하나님의 계명을 거역하고 그의 명령을 따르지 아니하는 인간의 행위, 악: 인간의 도덕적 기준에 어긋나 나쁨

또는 그런 것" 그러나 정말 중요한 것은 어떤 것이 구원과 관계가 있느냐 라는 것입니다. 본 과에서 말하는 구원에 관계가 있는 '죄'는 바로 '원죄' 에 대한 것입니다.

2. 1) (먹지 말라)
　 2) (따먹고) (먹은지라)
　 3) 이유 (하나님의 따 먹지 말라는 명령을 순종하지 않고 따서 먹었기 때문)

죄의 출발이 무슨 대죄로부터 출발한 것이 아니라 하나님께서 지정해 주신 한 나무의 열매를 따먹지 말라고 하신 말씀을 순종하지 않은 것에서 부터입니다. 물론 이것은 태초의 인간이 사탄의 집요한 유혹에 흥정하다 가 실패한 결과이기도 합니다. 사탄은 한 번의 시험만 하고 물러나는 어 리석은 존재가 아닙니다. 끝까지 유혹에 넘어갈 때까지 집요하게 시험한 다는 사실을 우리도 결코 잊어서는 안되는 대목입니다.

3. (원수)

여기 '원수'라는 말은 '증오'에서 유래된 것으로 '인간들이 그들의 정신 을 하나님을 대적(증오)하는 관계', '하나님과의 불화', '하나님과 멀리 떨 어져 있는'으로 해석할 수 있습니다.

4. (심판)

육체적 죽음으로 끝나면 우리가 하는 신앙생활이나 믿음의 의미가 전 혀 없을 것입니다. 사람은 죽고 나면 반드시 심판을 받게 되기 때문에 우 리가 하는 신앙생활이 정말 중요하다는 것입니다(계 20:11-15). 그런데 중요한 것은 신자와 불신자에게 주어지는 심판의 개념이 다르다는 것입 니다. 신자에게는 상급에 대한 심판, 불신자에게는 징벌에 대한 지옥 심 판이 주어진다는 것입니다.

5. (사망)

사람들은 자기들이 보기에 좋은 길, 올바른 길이라고 생각하고 가는 길이 있습니다. 그 길은 편하고 넓고 가기에 좋은 길이기에 사람들은 그 길을 많이 선택하여 갑니다. 그러나 그 길은 사망의 길입니다. 그러나 생명으로 가는 길은 좁고 거칠어서 사람들이 잘 선택을 하지 않습니다(마 7:13-14). 예수님은 그 길에 대해서 분명하게 말해주고 있습니다. "내가 곧 길이요 생명이니"(요 14:6)

6. (여자의 후손) (여자의 후손)

성경에 보면 후손을 말할 때에 예를 들어 "솔로몬은 르호보암을 낳고~"처럼 남자 중심으로 기록이 됩니다. 그런데 창세기 3:15절은 '여자의 후손'이라고 했습니다. 즉, 남자의 씨가 없는 '성령으로 잉태'를 말해주고 있습니다(사 7:14; 마 1:18).

7. (독생자)

여기 '독생자'는 "그 유일하게 낳으신 그 아들"이라는 말입니다. 헬라어로 '모노게네스'(독생자)라는 말은 '유일무이한 자'라는 뜻으로 "다른 그 어떤 것과 결코 비교할 수도 없고, 비교의 대상도 되지않는 아주 독특한 자"를 말합니다. 따라서 여기서는 '아버지 품속에 있는 독생하신 하나님' 즉, 성자 예수님을 말합니다(요 1:18).

8. (그를 믿는 자)

하나님을 아는 것하고 믿는 것하고는 전혀 다릅니다. 아는 것은 주관적 개념보다 객관적 개념이 강하지만 믿는 것은 주관적 개념이 더 강하다고 볼 수 있습니다. 물론 아는 것에 주관적이고 객관적이면 더 말할 나위 없이 좋겠지만 조금 차이를 두고 이해를 해 봅니다. 가룟 유다나 빌라도가 예수님에 대해서 아는 것에 지나지 았다면 사드락, 메삭, 아벳느고는 믿는 자의 절정이라고 할 수 있습니다(단 3:16-18). 구원의 길을 아는 것과 믿는 것이 바로 이런 것입니다.

9. (십자가) (십자가)

십자가는 원래 십자(+) 모양으로 된 사형틀로 고대 카르타고(혹은 페르시아), 애굽, 앗수르에서 사람을 고문하고 사형할 때 사용한 형틀입니다. 로마 제국에서도 사형틀로 사용했지만 예수님이 자가형에 처해진 사건으로 인하여 그리스도의 대속적인 죽음을 생각하게 하는 기독교의 상징이 되었습니다.

10. (영생을 얻었고) (심판에 이르지 아니) (사망에서 생명)

사망에서 생명으로 옮겨지는 것을 구원이라고 합니다. 여기서 사망이란 단순한 우리의 육체적인 죽음만을 말하는 것이 아닙니다. 육체적인 죽음만으로 끝난다면 우리는 예수 그리스도를 믿을 필요가 없을 것입니다. 그러나 사람은 육체가 죽게 되면 영혼이 천국이나 지옥에서 영원히 살아야만 합니다. 지옥은 너무나 고통스럽고 무서운 곳이기에 인간은 꼭 구원을 받아야 합니다. 그렇지 않으면 사망(지옥)에 이르게 되고 나아가 심판을 받게 될 것입니다.

2과 하나님은 누구신가?

시골에서 농산물을 주문해보면 생산자의 이름이 쓰여 있습니다. 공산품도 모두 생산한 제조사의 이름이 기록되어 있습니다. 다시 말해 만든 사람(주인)이 있다는 말입니다. 그러나 하나님은 스스로 계신 분으로(출 3:14) 그 하나님이 우리 인간을 만드신 주인이라는 것입니다(창 1:26). 그것도 하나님의 형상을 따라 만드시겠다고 하셨습니다. 그래서 우리는 하나님의 성품을 닮아 있습니다. 그것을 교리적으로 이야기해 보면 하나님의 공유적 속성이라고 합니다. 물론 닮은 것이지 같다는 것은 결코 아닙니다. 그 예로는 지식이나 지혜, 선하심과 사랑, 긍휼과 인내와 의와 진실 등이 있습니다. 그리고 하나님의 전혀 독창적인 속성 그것을 비공유적 속성이라고 말합니다. 그 예로는 하나님의 독립성(자존성)과 불변성 그리고 무한성 등은 인간이 전혀 따르거나 닮지 않은 부분입니다.

1. (하나님)

창조를 설명하기 위해서 발견과 발명이라는 말을 생각해 볼 수 있습니다. 사전에서 '발견'이라는 말을 찾아보면 "미처 찾아내지 못하였거나 아직 알려지지 아니한 사물이나 현상, 사실 따위를 찾아냄"이란 뜻이고, '발명'이라는 말은 "아직까지 없던 기술이나 물건을 새로 생각하여 만들어 냄"이란 뜻입니다. 창조란 발견이 아닌 발명의 의미와 같다고 할 수 있는 것입니다. 즉, "전에 없던 것(無)을 처음으로 만듦(有)"이란 말입니다. 만드신 방법은 말씀이었습니다(창 1:3; 시 33:9, 148:5; 히 11:3).

2. (살 자가 없음)

빛과 어두움이 공존할 수 없듯이 거룩과 죄악은 공존할 수 없습니다. 하나님은 거룩한 분이기에 죄인들이 볼 수 있는 분이 아닙니다. 그래서 하나님을 본 사람은 죽을 것이라고 말씀하셨습니다. 모세조차도 하나님 뵈옵기를 두려워하여 얼굴을 가렸다고 했습니다(출 3:6). 그래서 아직까지 하나님을 본 사람이 없다고 했습니다(요일 4:12).

3. (망)

우리는 성도를 잡아다가 핍박하려고 다메섹으로 가던 사울이 나타나신 예수님의 광체를 보고 눈을 뜨지 못하고 쓰러진 것을 압니다. 그 정도는 사울을 살리시기 위한 최소의 방법이었을 것입니다(행 9:3-9). 그렇지 다면 그 자리에서 죽거나 정상적인 삶을 살 수 없는 상태가 되었을 것입니다. 모세(출 3:6, 33:5)와 이사야에게 일어났던(사 6:5) 것과 같습니다.

4. (사랑하사)

헬라어로 '사랑'이라는 말을 크게 '에로스'(ἔρως), '스톨게'(στοργή), '필레오'(φιλεό), '아가페'(αγάπη)로 나눕니다. 에로스가 남녀 간의 사랑이고, 스톨게는 가족 간의 사랑, 필레오는 친구 간의 사랑을 말하며, 아가페는 독생자를 죽게 하면서까지 인간을 사랑하시는 하나님의 사랑을 말합니다. 여기서 말하는 사랑은 바로 아가페 사랑을 말합니다. 이러한 사랑 또한 전무후무하고 유일무이한 사랑입니다.

5. (영)

영(靈)은 헬라어로 프뉴마(πνεῦμα)인데 이는 바람, 호흡, 생명, 성령이라는 뜻이 있습니다. 신약에서는 '영', '하나님의 영', '보혜사'로도 기록되어 있으며, 영어 표기는 the Holy Spirit, Ghost, the Spirit of God 등으로 나옵니다.

6. (영원한)

인터넷 검색창에서 '세상에서 가장 큰 수'를 검색해보면 그동안 사람들이 연구해서 발견해낸 수들이 이름과 함께 나와 있습니다.

예를 들어 억 = 10^8, 경 = 10^{16}, 정=10^{40}, 항하사 = 10^{52}, 불가사의 = 10^{64}, 무량대수 = 10^{68}, 겁 = 10^{72}, 업 = 10^{76}, 구골 = 10^{100}

그리고 인간이 가장 큰 수라고 말하는 단위가 스큐스수의 10^{3400}승보다 훨씬 더 큰 수로 그레이엄수가 있습니다. 물론 이러한 수는 사람들이 연구해서 가상적으로 만들어낸 이론적인 수라고 할 수 있습니다. 그래도 그수의 크기는 실로 엄청난 것임을 알 수 있습니다. 그러나 성경에서 말하는 '영원한'이라는 개념은 인간의 그러한 지식으로 생각할 수 없는 무한의 개념입니다.

7. (한 분)

성경은 한 분이신 하나님이 세 위격으로 존재하고 계심(삼위일체)을 창세기에서부터 알려주고 있습니다. 즉, 하나님은 본질로는 한 분이시지만 이 한 분 안에 성부와 성자와 성령이라는 세 위격이 계시다는 것입니다. 신적 본질로 성부, 성자, 성령은 하나님으로서의 모든 완전성을 가지고 계시며, 삼위를 떠나서는 아무런 존재를 가지지 못합니다. 서로 종속받지는 않지만 존재의 순서는 성부-성자-성령이며, 이 순서는 창조와 구속사역에도 나타나 있습니다. 그러나 이 삼위일체 교리는 인간 이성으로는 생각할 수 없는 교리이며, 자연에는 존재하지 않는 계시입니다.

8. (아시느니라) – 지(知)

하나님은 사람을 만드실 때 하나님의 성품을 따라 만드셨다고 하셨습니다. 그 성품 중에 인격적인 면이 있는데 그것은 인간이 가지고 있는 것입니다. 그것이 지(知)·정(情)·의(意)인데 성경에서는 하나님의 인격적인 면을 볼 수 있습니다. 우리를 미리 아신다고 하셨고(롬 8:28-29; 벧전

1:2), 모든 것을 다 아시는 분이라고 하셨습니다.

9. (기뻐하시느니라) – 정(情)

하나님이 우리에게 기도를 하라고 하신 이유는 당신이 기뻐하고 싶어서입니다(잠 15:8). 하나님이 우리 길을 정하시고 그 길을 기뻐하신다고 했습니다(시 37:23). 우리를 통한 하나님이 얻으시는 기쁨이 너무 큼을 알 수 있습니다.

10. (뜻) (뜻) – 의(意)

하나님은 분명한 의지를 가지고 계셨습니다. 모세를 보내어 애굽에서 이스라엘 백성을 구원해 내리라는 의지(출 3:10)와 우상숭배를 한 이스라엘을 진멸하시겠다는 의지를 보이시기도 하셨습니다(출 32:10).

3과 예수 그리스도에 대해 알아가기

예수님은 하나님의 아들이셨습니다. 이 땅에 오실 때는 사람의 모습을 하고 오셨기 때문에 사람과 똑같은 성정을 가지고 삶을 사셔야 했습니다. 하나님의 아들이 사람의 몸을 입고 이 땅에 오신 목적이 있었습니다. 아버지의 뜻이었습니다. 십자가를 지고 돌아가셔야 했는데 그 고통을 아시기 때문에 아버지께 십자가를 지지 않아도 되면 그렇게 했으면 좋겠다고 세 번을 요청하십니다(마 26:36-46). 그 절규를 애써 외면하시는 하나님 아버지와 아버지 뜻을 따르기로 마음을 굳힌 아들 예수 그리스도…. 그것은 우리를 구원하시기 위한 계산이 안 되는 사랑이었습니다.

1. 1) (우리) (우리) (우리)
   2) 이유 (예수님은 태초에 하나님과 같이 세상을 창조하신 창조주라는 것입니다)

성부-성자-성령 하나님은 삼위일체라고 배웠는데 하나님이 사람을 만드실 계획을 말씀하실 때 '우리'라는 복수형을 사용하신 것이 그 증거입니다(창 1:26, 11:7; 사 6:8). 상징적으로 알려주시고(창 18:2, 19:13), 말씀 가운데서도 알려주십니다(사 48:16, 61:1). 천사도 말하고(눅 1:35), 예수님께서도 직접 말씀해 주셨습니다(요 6:39-40, 10:15, 14:1-2; 마 28:19). 사도들도 그렇게 이야기하고 있습니다(벧전 1:2; 고후 13:13). 그 외에도 다수입니다.

2. (피곤)

앞에서 말했지만 예수님은 하나님의 아들이시기도 하지만 인성도 지니고 태어나셨기에 우리 인간이 느끼는 모든 것을 느끼십니다. 예수님은 새벽부터 기도로 시작하시고 쉴 틈도 없이 사역하셨기에 피곤하시기도 하고, 배가 고프시기도 하고, 목이 마르신 것은 당연합니다(막 11:12; 눅 8:23; 요 4:6-7).

3. (눈물)

인간들이 불쌍하지 않았더라면 예수님은 이 땅에 오시지 않았을 것입니다. 그럼에도 불구하고 사역하시면서 측은하게 여기시기도 하시고(마 14:14; 막 6:34; 눅 7:13 등), 땀도 흘리시고(눅 22:44), 눈물도 흘리셨습니다(눅 19:41; 요 11:35).

4. (독생자)

성부-성자-성령 하나님의 삼위 가운데 성자 예수 그리스도를 가리킵니다. 그리스도는 본질상 하나님과 동등하신 분이지만 인류를 구원하시기 위해 자기를 비워 종의 몸으로 성육신(成肉身)하셨습니다(빌 2:6-8). 독생자는 하나님과의 관계에서 특별하게 나셨다는 것을 가르쳐 주는 말입니다. 성부 하나님께 낳으심을 받으신, 성부와 동일 본질인 성부의 유일한 아들로 이 땅에 나신 분입니다. 따라서 그는 만들어졌거나 창조된 것이 아니라 성부 하나님으로부터 나신 것입니다. 그로 말미암아 온 만물이 창조되었으며, 그러므로 세상 어떤 존재 곧 만유보다 더 높고 지극히 존귀하신 분이십니다. 독생자라는 표현으로 우리의 구원과 영생이 얼마나 큰 가치가 있는지도 보여주십니다. 아브라함이 100세에 낳은 독자 이삭을 제물로 바치는 아픔의 이해를 통해 사람들이 독생자 예수 그리스도를 인류 구원을 위해 제물로 사용하는 성부 하나님의 인간을 향한 지극한 사랑을 이해할 수 있는 말이기도 합니다.

5. (그리스도) (하나님의 아들)

그리스도는 고대 그리스어 Χριστός(크리스토스, 기름 부음을 받은)에서 온 말로 70인역에서 히브리어의 메시아(기름 부음을 받은)를 옮길 때 처음 사용되었는데 그 의미는 '구세주'입니다. 크리스토스는 현대 그리스어로는 흐리스토스라고 읽는데 이를 다시 라틴어로 음역하면 Christus라고 합니다. 라틴어로의 발음은 '크리스뚜스'이지만 라틴어 굴절에 따라 '크리스뚬' '크리스떼' '크리스토' 등 여러 형태가 있는데 영어에서는 라틴어의 어근만 차용하여 Christ라고 사용하고 있습니다. 그리고 기독교의 '기독'(基督)은 그리스도를 한자로 음역한 것이며, 기독교인을 뜻하는 크리스천은 영어 'Christian'을 한글로 표기한 것입니다.

6. (죽은 자가 수족을 베로 동인 채로 나오는데)

이스라엘의 매장법을 알아야 이해가 됩니다(http://cafe.naver.com/~grace0406/48224). 동굴을 무덤으로 사용하거나 바위를 파서 무덤으로 사용합니다. 그리고 그 입구를 바위나 기타 다른 것으로 동물들이 들어가지 못하도록 막아 놓습니다.

7. (구원)

예수님의 구원계획은 원시복음에서부터 시작됩니다(창 3;15). 아담과 하와가 하나님의 말씀을 불순종함으로 하나님과의 관계가 단절이 되고 '죄'의 올무에 갇혀 '지옥'이라는 사망의 구렁텅이에 빠지게 됩니다. 이러한 인류를 구해주시기 위해 하나님의 아들 예수 그리스도가 이 땅에 오신 것입니다.

8. (나무에 달려)

십자가에 돌아가시는 것이 구원을 상징한다는 것이 아닙니다. 십자가에 달리기 위해서는 피를 흘려야 하는데 이 피는 출애굽 당시 어린양을 잡아 그 피를 문설주에 발라서 죽음을 면했던 이스라엘의 구원이 보여주었던 것을 상징적으로 보여줍니다(출 12:5-7). 그리고 출애굽 하는 동안 원망하는 이스라엘에게 하나님은 불뱀을 보내어 물어서 죽게 하시는데 살 수 있는 방법으로 놋뱀을 만들어 장대 위에 달고 그 놋뱀을 쳐다보는 자를 살게 하셨습니다(민 21:4-9). 방법은 십자가이지만 본질은 예수 그리스도가 십자가 위에서 흘리신 보혈의 피를 믿는 자가 구원을 받는다는 것을 보여줍니다.

9. 1) (부활)
   2) (죽은 자 가운데서 살아나셨으매)
   3) 이유 (기독교는 부활이 있지만 다른 종교는 부활이 없기 때문)

성경은 구약에서부터 예수님이 오실 것을 여러 곳에서 보여주고 있습니다. 여자의 후손(창 3:15)으로 시작하여 이사야의 동정녀 탄생(사 7:14) 그리고 예루살렘이라는 장소(미 5:2)까지 미리 보여주셨습니다. 가죽옷(창 3:21)에서부터 채찍에 맞으실 것(사 53:5)과 십자가에 돌아가실 것(시 22:16-18)도 보여주셨습니다. 그리고 아브라함이 이삭을 제물로 바치려고 한 것(창 22:9-10)은 부활신앙이 있었기 때문이고, 사렙다 과부의 아들이 부활(왕상 17:22)한 것과 마른 뼈들의 부활(겔 37:22)은 예수님께서 부활하실 것이라는 것을 보여주셨다고 할 수 있습니다.

10. (인자가 구름을 타고 능력과 큰 영광으로 오는 것)

에녹이 죽음을 보지 않고 승천한 것(창 5:24)과 엘리야가 회오리 바람으로 하늘로 올라가는(왕하 2:11) 모습으로 예수님이 승천하실 것을 보여주셨다면 무서운 심판주(시 119:120)로 오실 것과 불에 싸여 심판주로 강림하실 예수님(사 66:15-16) 그리고 심판록을 놓고 심판하실 예수님(단 7:9-10)을 보여주고 있습니다. 그 예수님이 구름을 타고 올라가신 그대로(행 1:11) 오신다고 약속하셨습니다.

4과 성령에 대해서

성령은 앞에서 잠시 배웠던 삼위일체(三位一體) 즉, 성부 하나님-성자 하나님-성령 하나님에서 제3위격(位格, 마 28:19; 눅 1:35, 눅 3:22)을 말합니다. 구약성경에는 '여호와의 영'(사 40:13), '주의 영'(시 139:7), '주의 성령'(시 51:11) '영'(사 31:3) 등으로 표현되어 있으며, 성부, 성자와 함께 창조 사역을 하셨습니다(창 1:26). 신약에서는 '하나님의 성령'(마 3:16), '예수의 영'(행 16:7),'보혜사'(保惠師, 요 14:25) 등으로 표현되어 있습니다.

1. (보혜사)

보혜사는 헬라어로 '파라클레토스'라고 하는데 이 말의 뜻은 '도움을 베풀기 위해 곁으로 부름을 받은 자'라는 의미입니다. 이 말은 대개 변호사나 법률 자문가를 가리킬 때 사용하는 말입니다. 성경에서는 위로자(Comforter), 중보자(Mediator), 돕는자(Helper), 상담자(Counselor), 탄원자(Supplicator)란 의미로 해석합니다.

2. 1) (사람을 만들고)
2) 이유 (하나님이 천지를 창조하실 때에 같이 계심)

앞 과에서도 배웠지만 하나님이 세상을 창조하시고 사람을 만드실 때 성자 하나님과 성령 하나님도 함께 계셨다는 것을 보여주시는 말씀이며, 삼위일체를 증언해 주시는 말씀이기도 합니다.

3. 1) (통달) - 지

   2) (근심) - 정

   3) (그의 뜻) - 의

성령은 인격체이시기 때문에 우리 인간의 지정의와 같은 속성을 가지고 계십니다. 성령은 우리가 구원을 완성하도록 우리 안에 계시고(요일 4:13), 주의 일꾼들을 부르시기도 하시고(행 13:2), 말씀하기도 하시며(행 8:29), 사역의 방향도 잡아주시며(행 16:6-7), 보내시기도 하십니다(행 13:4). 즉, 우리와 동행하시며, 우리를 도우시고, 우리와 늘 함께하신다는 것입니다.

4. (책망)

성령님은 우리를 위해 탄식으로 기도하시고(롬 8:26), 배우고 안 것을 기억나게 하시며(요 14:26), 성령이 우리의 입을 통하여 말씀도 하십니다(행 1:16). 그러나 성령을 속이고 거짓말을 한다거나(행 5:3-4, 9) 성령을 모독하는 것(마 12:31) 그리고 성령을 욕되게 하는 것(히 10:29)은 용서받지 못할 죄인입니다.

5. (성령)

구원은 예수님을 아는 것으로 받는 것이 아닙니다. 세상에 예수님을 모르는 사람은 거의 없을 것입니다. 그러나 중요한 것은 그 아는 예수님을 세상(우리)을 구원하신 주님으로 믿어야 한다는 것입니다. 베드로가 신앙고백을 아주 멋지게 하자(마 16:16) 예수님은 그런 고백을 하도록 인도하신 분이 하나님이라고 하셨는데 예수님이 승천하신 뒤로는 이러한 역할을 성령님이 하신다는 것입니다. 또 성령은 우리가 예수님을 주라고 시인하도록 하시며(고전 12:3), 우리가 하나님의 자녀인 것을 증언해 주시는 분이십니다(롬 8:16).

6. (증언)

교회용어사전에 증언이란 "말로써 사실을 증명해 주고, 증인으로서 사실(진실)을 말하는 것"이라고 나와 있습니다. 성경적으로는 사람들 앞에서 어떤 일의 진실 여부를 확인시켜 주는 일(출 22:13, 23:2; 신 17:6; 삼상 12:3)로 특별히 예수 그리스도가 주(主)님이 되시고, 죄인을 구원하기 위해 하나님께서 예수님을 이 땅에 보내셨는데 그가 곧 메시아라는 사실을 알게 하시는 분이 성령님이라는 것입니다.

7. (하나님의 자녀)

원래 하나님을 아버지라고 부를 수 있는 자격은 예수님밖에 없습니다. 예수님은 하나님을 아빠 아버지(막 14:36)라고 부르셨습니다. 그런데 우리도 예수님을 믿어 구원을 받게 되면 하나님을 아빠 아버지라고 부르도록 허락하신다(롬 8:15; 갈 4:6)고 하셨습니다. 그것은 우리가 하나님의 자녀가 되는 특권을 가지게 된 것입니다(요 1:12). 죄인이 창조주 하나님을 아빠라고 부를 정도라면 이제 하나님과 인간 사이의 관계가 회복되어 주종관계나 군신관계가 아닌(갈 4:7) 부자(녀)관계 즉, 사랑으로 하나 된 가족이요 하나님의 구원 사업의 완성을 뜻합니다.

8. (선물)

우리는 생일이나 명절이나 기타 즐거운 날에 선물을 주기도 하고 받기도 합니다. 선물을 주거나 받거나 하면서 우리는 돈을 지불하지 않습니다. 선물은 대가가 없다는 것입니다. 대가가 있다면 그것은 선물이 아니고 거래가 됩니다. 우리가 예수님이 우리를 구원해 주신 주님으로 모시면 우리는 성령을 받게 됩니다. 그 성령은 앞에서 공부했던 것처럼 우리에게 정말 다양한 은혜와 혜택을 주십니다. 이 성령을 하나님께서 선물로 주신다고 했습니다.

그러나 하나님의 선물은 우리의 노력이나 공로가 있어서 주시는 것이 아니라 하나님의 일방적이고 주권적인 은혜로 주어집니다(엡 2:8-9).

9. (말씀 듣는 모든 사람)

고넬료의 집으로 보내심을 받은 베드로가 고넬료의 집에 모인 자들에게 예수 그리스도에 대해서 설교를 했는데 말씀을 듣던 모든 사람이 그 말씀을 믿고 성령을 받았습니다. 전에도 말씀을 들을 때에 유대인들이 성령을 받았고(행 2:4), 사마리아인도 받았고(행 8:17), 지금 이방인도 성령을 받았습니다. 이것은 말씀을 전할 때 성령이 함께하신다는 것을 보여주시는 것이며, 말씀을 들을 때 성령을 받게 된다는 것을 알려주시는 것입니다. 따라서 우리도 말씀을 어느 누구에게라도 차별을 두지 말고 전해야 한다는 것을 가르쳐주신다고 하겠습니다.

10.

1) 편재(遍在)

널리 퍼져 있다는 말로 하나님은 어디에나 아니 계신 곳이 없다는 하나님의 적극적인 성품을 표현할 때 사용하기도 합니다.

2) 전지(全知)

사물과 현상의 모든 것을 다 안다는 말로 과거, 현재, 미래의 모든 것을 알고 있는 하나님의 적극적인 성품을 표현할 때 사용하기도 합니다.

3) 전능(全能)

어떤 일에나 못함이 없이 능하다는 말로 모든 일을 다 행할 수 있는 하나님의 적극적인 성품을 표현할 때 사용하기도 합니다.

5과 성경을 알아야만

성경은 교회에서 믿음과 생활의 기본으로 삼고 있는 기독교의 경전입니다. 성경이란 말의 Bible은 '두루마리', '문서', '책'이라는 뜻의 헬라어 'biblion'에서 나온 말입니다. 구약(舊約)은 유대교의 경전으로서 서기 90년경에 현재의 39권으로 확정되었고(얌니아 공의회), 신약(新約)은 서기 397년에 현재의 27권이 정경(正經)으로서 확정되었습니다(카르타고 공의회). 여기서 '구약'(舊約)은 예수님 이전의 내용이고, '신약'(新約)은 예수님 이후의 내용인데 '약'(約)이라는 말은 인간에 대한 하나님의 구원의 약속(約束, Covenant)을 의미합니다.

1. (하나님의 감동)

'하나님의 감동'이라는 말은 '하나님이 쉬신 숨'이라는 의미의 '데오 프뉴스토스'의 해석이며, 이것은 성경의 신적 기원 및 권위를 보여주는 것입니다. 즉, 감동(영감)이란 성경의 저자들이 성경을 기록하는데 하나님이 직접 관여하셨다는 말입니다. 이것은 저자들이 가지고 있는 지식이나 경험 그리고 문화적 환경의 영향 아래에서 하나님이 하신 말씀을 기록했다는 의미입니다.

즉, 저자들의 개성과 성격, 은사와 재능, 교육과 문화, 그들이 사용하는 어법과 문체를 그대로 적용하되 성령께서 그들의 심령을 조명하셔서 하나님이 우리에게 하시고자 하신 뜻을 기록하도록 격려하며 완성케 하셨다는 것입니다.

2. (하나님)

성경은 전체가 영감되었다는 것을 말해주고 있습니다(딤후 3:16). 이것을 '완전영감' 혹은 '축자영감'(verbal inspiration)이라고 합니다. 그러므로 성경의 모든 교리적, 윤리적 내용뿐 아니라 역사, 지리, 과학적 사실까지도 또 성경의 단어까지도 영감되었다고 봅니다(마 5:18). 그리고 성경을 기록한 자와 원 저자인 하나님과의 관계는 유기적 관계로 하나님은 저자들의 역사적 연구, 죄사함, 기쁨과 슬픔, 위기와 은혜로운 구원의 체험 등 체득된 것을 기록하도록 하는 유기적인 방법을 활용하셨습니다(유기적 영감설).

3. (내게)

창세기 3:15절에서 처음 보여주셨듯이 성경은 예수님에 대해서 기록된 책입니다. 구약은 예수님이 세상에 오실 것이라는 것을 기록한 책이고, 신약은 세상에 오신 예수님에 대해서 기록한 책입니다. 왜 예수님에 대해서 기록했을까요? 그것은 예수님을 알아야만 영생을 얻을 수 있기 때문입니다. 영생이란 영원히 죽지 않는 것입니다. 그런데 사람은 하나님 말씀의 불순종으로 죄를 짓고 영원히 죽게 되었는데 다시 살 수 있는 방법을 성경에 기록해 주셨다는 것입니다. 그 구원의 주체와 방법의 주인공이 바로 예수님이라는 것입니다.

4. (예수께서 하나님의 아들 그리스도이심을 믿게 하려 함)
(생명을 얻게 하려 함)

요즘 종교다원주의에 편승해서 이단이나 이교뿐 아니라 일부 신학자나 목회자들도 구원의 길이 하나가 아니라는 말에 동의하고 있습니다. 그러나 성경은 분명하게 구원의 길은 딱 하나라고 잘라 말합니다(요 14:6). 그래서 무지한 백성들에게 하나님은 구원의 길을 가르쳐 주시기 위해서 성경을 기록해 주셨고, 그 구원의 길이 예수 그리스도를 믿는 것이라고 성경 곳곳에서 가르쳐 주고 있습니다. 예수 그리스도만을 통하여 생명을 얻게 된다는 사실은 언제나 변함없는 진리입니다.

5. (구원)

구원을 네이버 사전에는 "인류를 죽음과 고통과 죄악에서 건져내는 일"이라고 기록되어 있습니다. 인간의 범죄로 말미암아 하나님과의 단절이 되었는데 이것을 사망(지옥)이라고 합니다. 그런데 그 사망의 길에서 벗어날 수 있는 방법을 알려주는 책이 바로 성경이라는 것입니다. 그 사망의 길에서 벗어나는 것, 그것이 구원이라는 것입니다.

6. (교훈) (책망) (바르게 함) (의로 교육)

세상에서 발생하는 모든 범죄들은 원죄에서부터 파생된 부산물들입니다. 성경은 그 악의 뿌리인 원죄의 해결 방법과 원죄로부터 발생하는 자범죄들을 해결하는 능력이 있는 하나님의 말씀입니다. 따라서 성경은 구원에 이르는 지혜를 가져다 줄 뿐만 아니라 우리 삶의 전 영역에서 우리가 신앙의 길에서 이탈되지 않도록 늘 지도해 주는 책이라는 것입니다.

7. (그리스도의 말씀)

하나님의 말씀은 영이요 생명(요 6:63)이며, 살았고 운동력(히 4:12)이 있고, 썩지 아니할 씨(벧전 1:2)이기 때문에 그 말씀을 들어야 우리의 마음속에 믿음이 생깁니다. 그 믿음이 구원의 핵심인데 그 믿음은 그리스도의 말씀을 들어야 생긴다는 것입니다. 결국 그리스도의 말씀은 성경이고 우리가 성경 말씀을 전해야 그 말씀을 듣는 사람들이 구원을 받을 수 있다는 것입니다.

8. (상고)

베뢰아 성도들을 하나님 말씀(성경)을 들으면 그 말씀을 진심으로 받고 그 말씀을 날마다 상고했다고 했습니다. '상고'라는 말은 "면밀하고도 정확하게 조사를 하다"라는 뜻입니다. 늘 말씀과 가까이 하면서 배우고 익히고 스스로 공부했다는 것입니다.

9. (행하는)

말씀을 듣고 아는 것으로 끝난다면 그 말씀은 아무런 힘이 없습니다. 말씀을 들었으면 실천으로 옮겨야 합니다. 예수님은 그러한 실천을 우리 보고 세상의 빛으로, 소금으로 살라고 하신 것입니다. 빛이요 소금으로 산다는 것은 여간 힘들지 않은 삶입니다. 말씀을 행하는 자는 반석 위에 집을 짓는 자와 같이 지혜롭다고 칭찬하십니다. 그러나 행함이 없다면 믿음이 정말로 있는지조차도 장담하지 못한다고 경고하십니다(히 2:17).

10. (전파)

바울은 복음을 전하는 이유 중의 하나로 복음에 대해서 빚을 졌기 때문이라고 했습니다. 빚은 갚아야 채무가 소멸됩니다. 또 하나 우리가 복음을 전하지 않으면 전해 듣지 못한 자들은 그냥 지옥에 가는 처절함을 당하게 됩니다. 세상에 오는 순서는 있어도 가는 순서는 정해지지 않았기 때문에 우리는 때를 얻든지 못얻든지 복음을 전해야 하는 것입니다.

6과 교회의 개념 정리하기

교회는 무형(無形)교회(불가시적 교회)와 유형(有形)교회(가시적 교회)로 나누어 생각합니다. 무형교회는 주님을 믿고 거듭난 사람들의 모임으로 과거, 현재, 미래의 전 피택자들로 구성되어 있으며, 초시간적이고 초공간적으로 편재합니다. 유형교회는 참된 종교(기독교)를 고백하는 전 세계 모든 사람들과 그들의 자녀로 구성되는데 건물로서와 사람으로서의 두 가지로 생각할 수 있습니다. 건물 안에 있는 사람의 몸도 유형교회인데 건물로서의 유형교회 안에 유형교회인 또는 무형교회인이 있는 것입니다. 그런데 그 사람이 무형교회인인지 아닌지는 사람은 알 수 없고 하나님만 알 수 있습니다.

1. (성도) (예수 그리스도의 이름을 부르는 모든 자들)

유형교회는 건물로서만이 아니라 사람에게도 적용할 수 있다는 것을 앞에서 살폈는데 유형교회 안에 무형교회가 있다고 할 수 있다는 것입니다. 그러나 중요한 것은 이 말씀처럼 그리스도 안에서 거룩하여지고 성도라 부르심을 받은 자들의 모임을 교회라고 하는 무형교회에 각 개인과 건물로서의 교회를 유형교회라고 하는 것입니다.

2. (내가)

교회는 주는 그리스도라는 신앙의 고백에 의해 잉태되었고(마 16:16), 성령의 역사에 의해 탄생되었습니다(행 2:1-4). 따라서 교회의 기초는 예수 그리스도시고, 그가 친히 모퉁잇돌이 되셨습니다(엡 2:20). 따라서 교회의 주인은 예수 그리스도시며, 그 누구도 교회를 해치거나 없앨 수 없습니다.

3. (오순절)
   1) 구약의 오순절(레 23:15-16)
      (1) 실절(레 23:10, 15): 당시 안식일 후 첫날 즉 일요일, 요제로 곡식단을 가져온 날
          --> 이후 49일째 되는 날이라고 해서 칠칠절
      (2) 안식일(레 23:15): 초실절 전날
          --> 이후 50일째 되는 날이라고 해서 오순절(순=10, $5 \times 10 = 50$)
          * 초실절(레 23:10)=처음 익은 곡식 첫 이삭의 한 단을 드리는 날
          * 맥추절=추수의 첫 단을 드리는 날(칠칠절, 오순절)
   2) 신약의 오순절
      (1) 유월절: 유월절 어린양으로 오신 예수님께서 유월절(성력 1월 14일)에 돌아가시고, 안식 후 첫 날 부활하셨습니다. 이 날이 구약에서 말하는 실절입니다. 부활의 첫 열매의 상징입니다.
      (2) 오순절(행 2:1-4): 안식 후 첫 날 예수님이 부활하시고 난 후 오순절 즉, 칠칠절에 예수님이 약속하신 보혜사가 오신 날입니다.
      (3) 보혜사 성령님이 오신 날을 신약교회의 시작이라고 봅니다.

4. (머리) (근본) (죽은 자들 가운데서 먼저 나신이)
   * 예수님보다 먼저 산 사람들
   예: 사르밧 과부 아들-엘리야(왕상 17:17-22), 수넴 여인의 아들-엘리사(왕하 4:17-35), 골짜기 마른 뼈(겔 37:1-10), 신약에서 예수님이 살려주신 사람들
   * 부활의 첫 열매의 의미: 위의 사람들은 죽음으로부터 잠시 살아났

지만 결국 죽었습니다. 다시 말해 그들은 한 때 살아났지만 사망과 죄의 권세로부터 완전히 해방되지는 못했습니다. 예수님을 부활의 첫 열매라고 하는 이유는 예수님의 부활은 죄와 사망의 권세를 이긴 영원한 생명의 부활이기 때문입니다

5. (몸) (지체)

유기적이라는 말은 사전에 "생물체처럼 전체를 구성하고 있는 각 부분이 서로 밀접하게 관련을 가지고 있어서 떼어 낼 수 없는 것"이라고 설명이 되어 있습니다. 교회를 사람의 신체에 비교하여 예수님은 머리시요 성도는 각 몸의 지체라고 하는 말이 바로 유기적이라는 것입니다. 떼어 놓고 생각할 수 없다는 말입니다.

6. (자기 피)

값싼 은혜: 20세기 순교자로 불리는 독일의 신학자 본 훼퍼는 당시 독일교회가 연약해지고 대 사회 영향력이 상실되었음이 교회가 값싼 은혜에 집착해 있기 때문이라고 지적했습니다. 값싼 은혜에 대해서 "회개 없는 용서, 삶을 바꾸지 않고 용서만 가르치는 것, 고백이 없는 세(침)례, 참된 신앙의 고백이 없이 예배에만 참여하려는 것, 교제가 없는 성찬, 하나님과 나 사이의 진정한 교제는 강조되지 않고 성찬이라는 형식만 강조되는 것, 십자가 없는 은혜, 희생이 없는 제자도, 그리스도를 따라가기를 원하고 축복받기를 원하지만 희생을 거부하고 있는 성도들, 생활 속에 살아있지 않은 그리스도, 이것이 바로 값싼 은혜이다."라고 했습니다. 그런데 우리가 은혜에 대해서 반드시 알아야 할 것은 은혜에 대한 대가가 이미 지불되었다는 것입니다. 은혜를 위하여 무한한 대가가 치러졌기 때문에 그 은혜를 무한히 사용할 수는 있지만 그 은혜를 모든 인류에게 그냥 주기 위해 치러진 헐값은 아닌 것입니다. 은혜를 위해서 값으로 헤아릴 수 없는 희생이 지불되었는데 그것은 하나님의 아들의 죽음이었다는 사실입니다.

7. (예배)

교회의 사명을 일반적으로 5가지로 말합니다. 교회가 이 세상에 존재하는 이유이며 반드시 추구하고 완수해야 할 것입니다.

1) 예배(케리그마)

예배는 살아 계신 하나님 아버지와의 인격적인 거룩한 교제로 예배를 통하여 하나님께 영광 돌리고 은혜를 받도록 해야 합니다.

2) 교육(디다케)

교육은 모든 그리스도인들이 말씀을 듣고 가르침을 받아서 하나님의 뜻과 진리, 명령과 규범을 알고, 그것을 지키고 담대하게 전하는 제자가 되게 해야 합니다.

3) 교제(코이노니아)

성도란 한 아버지를 모신 형제이고, 예수님의 십자가 피로 맺어진 형제이기에 영적인 가족으로서의 삶을 나누어야 합니다.

4) 봉사(디아코니아)

성도들이 주일날 예배당에서 다른 사람들과 드리는 예배가 다가 아니고 우리 삶 전체가 이웃과 더불어 삶을 하나님 앞에 드리는 삶이 되게 하며, 봉사를 통하여 그리스도의 몸을 온전케 하도록 해야 합니다.

5) 선교

교회는 예수님의 지상명령을 수행해야 합니다. 주님의 지상명령을 준행하는 교회가 주님이 기뻐하시는 교회요 건강한 교회입니다.

8. (가르쳐)

9. (증인)

10. (교제)

7과 예배에 대한 바른 이해

예배를 어원적으로 먼저 구약의 히브리어에서 찾아보면 첫째, 아바드가 있습니다. 이 말은 '봉사' '섬김' '시중들다'의 의미(삼 15:8; 민 16:9; 대상 9:28)로 하나님께서 인간에게 베푸신 크신 은혜를 깨달은 자들이 하나님을 주인으로 섬기며 하나님께 드리는 최고의 봉사 행위를 의미하는 말입니다. 성막이나 성전에서 레위인들과 제사장들이 하나님께 대한 제사 의식을 나타내는데 사용된 단어입니다(출 7:16, 8:1, 9:1). 둘째, 샤하아가 있습니다. 이 말은 '굴복' '자신을 낮춰 엎드림' '숭배' '순종' '엎드려 경배한다'는 의미(창 24:26; 출 4:31; 34:8; 느 8:6)입니다. 이 말은 종교적인 의미를 가진 말로 주님을 높이고, 머리 숙여 경배하거나 땅에 엎드리거나 순종하는 것으로 주님 앞에 철저하게 낮추는 것을 의미합니다(시 95:6-7). 신약의 헬라어로는 레이투르기아로 히브리어 아바드와 상통하는 단어입니다(눅 1:23; 히 8:6, 9:21, 10:19). 이 말은 '사역' '경배' '섬김'이라는 의미로 하나님의 백성이 마땅히 해야 할 행위입니다.

1. (하나님을 높여)

요즘 교회에서 열린 예배라는 이름으로 파격적인 예배형식을 취하기도 합니다. 조용하고 경건하게 드리는 예배와 많은 악기를 가지고 시끄럽게 드리는 예배로 나누어 어떤 예배가 진정한 예배냐고 묻는다면 '신령과 진정으로 드리는 예배'가 진정한 예배라고 할 수 있습니다. 예배를 통하여서 하나님과의 만남이 있고, 하나님이 받으실만한 하다면 그것이 진정한 예배인 것입니다. 예배를 통해서 하나님만 높이고 그분께 영광을 돌려야 합니다.

2. (모든 민족)

하나님은 세상을 만드시고 좋아하셨다고 했습니다(창 1:4, 10, 12, 18, 21, 25). 그런데 사람까지를 만드시고는 심히 좋아하셨다고 했습니다(창 1:31). 그 하나님께서 그렇게 사람들에게 찬양을 받으시기를 원하셨습니다(사 43:21). 그리고 하나님은 천사에게 경배를 받거나 예배를 받으시기를 원하지 않으시고 예수님의 사랑하시는 자 안에서 아들 된 모든 자들에게 찬송을 받기를 원하십니다(엡 1:5-6).

3. (하나님)

우리가 하나님께 예배해야 하는 이유를 많이 들 수 있겠지만 크게 세 가지로 들어보겠습니다.

첫째, 사람을 하나님의 형상대로 만들어주셨기 때문입니다(창 1:27). 사람은 다른 피조물과 달리 하나님께서 당신의 형상대로 존귀한 자로 만들어주셨습니다. 둘째, 하나님께서 명령하셨기 때문입니다(출 2:3-7, 22:20). 하나님은 우리 인간들이 다른 어떠한 신을 만들거나 그것들에게 예배하면 멸할 것이라고 말씀하셨습니다. 셋째, 우리를 사망에서 생명으로 인도해주셨기 때문입니다(요 3:16, 36). 하나님의 은혜가 아니었다면 우리는 다 영원히 지옥에서 살 것이기 때문입니다.

그리고 예배와 예식을 구분해야 합니다. 사람들은 예배와 예식을 구분하지 않고 똑같은 개념으로 사용하고 있습니다. 사전에서도 예배는 "초월적 존재 앞에 경배하는 의식"이라고 나와 있으며, 예식이라는 단어는 "예법에 따라 치르는 의식"이라고 나와 있습니다. 그렇다면 결혼이나 추도

식, 사업확장(이전), 학위수여, 기타 많은 행사나 의식에서 사용하는 용어로는 예배라는 단어보다 예식이라는 단어가 맞습니다.

4. (헛되이)

예배에 대해서 어원적 의미를 살펴보았지만 그 의미를 근거로 예배에 대해서 다시 정리해보면 예배란 하나님과의 만남이라고 정의할 수 있습니다. 사도 요한은 '하나님과 사귐'(요일 1:6)이라고 표현했는데 예배란 하나님과 인간과의 사귐이요 교제라는 것입니다. 그리고 예배를 통하여 우리를 하나님이 기뻐하시는 거룩한 산 제사로 드리는 것이라고 할 수 있습니다(롬 12:1). 즉, 하나님이 받으시기에 적합하도록 우리의 몸과 마음을 깨끗하고 정결하게 드려야 한다는 것입니다. 예배의 장소에 예배의 대상이 없거나 예배의 대상을 바꿔놓았다면 그 예배는 이미 예배가 아닌 것입니다. 요즘 예배라는 이름으로 인간들의 잔치로 둔갑한 행사들이 바로 그런 종류겠지요.

5. (화목)

하나님은 화목을 중요시하셨습니다. 형제가 원수가 되면 화해하기가 더 어렵습니다. 야곱과 에서가 그랬습니다. 다윗의 아들 압살롬을 봐도 그렇습니다. 그래서 가난해도 화목하는 것이 부자이면서 다투는 것보다 낫다고 했습니다(잠 17:1). 형제간의 화목이 얼마나 어려우냐면 견고한 성을 취하기보다 어렵다고 했습니다(잠 18:19). 화목의 원어의 뜻은 '덮어 주다'로 이는 하나님의 용서를 받고 그분과의 관계가 회복된 상태를 가리킵니다(엡 2:16).

다시 말해서 용서받지 못할 인간들을 위해 독생자 예수 그리스도를 자가에 못박혀 죽게 하시기까지 사랑하신 그런 마음으로 형제와 맺힌 것이 있으면 화목해야 예배를 받으신다는 말입니다(롬 3:25, 5:10-11; 고후 5:18-19).

6. (주간의 첫날)

구약에서는 하나님이 세상을 창조하시고 쉬신 날을 기념하는 안식일이라고 하였고, 또 출애굽을 통하여 구원해 주신 여호와께 감사하여 안식일을 지키도록 명령하셨습니다(신 5:15). 그러나 신약에 와서는 안식일의 주인이시요 율법의 완성이신 예수께서 십자가 죽음과 부활로 인류 구원의 길을 완성하셨는데 그 부활하신 날을 기념하여 안식일(토) 대신 주의 날 곧 주일(일)을 성일로 지키게 된 것입니다.

7. 1) (예수의 시체가 보이지 아니하더라)

예수님이 부활하셨다는 소리를 듣고 대제사장들이 당황하여 장로들과 함께 의논하였습니다. 즉, 군인들에게 돈을 주고 에수님의 제자들이 자기들이 잘 때 예수님의 시체를 훔쳐갔다고 하라고 시켰습니다(마 28:11-13). 그러나 예수님의 시체가 보이지 않는 것은 부활하셔서 무덤 밖으로 나가셨기 때문입니다.

2) 예수님이 부활하신 날을 기념하기 위해서

어떤 종교든지 그 종교를 만든 사람의 무덤을 중요시 합니다. 그것은 사람이 종교를 만들었고, 만든 사람은 죽었고, 그래서 생명이 없다는 것을 보여주는 것입니다. 기독교는 다릅니다. 기독교에는 예수님의 무덤이 없습니다. 예수님이 분명히 죽어서 무덤에 안장이 되었는데 그 죽음 가운데서 부활하셨기 때문입니다. 부활하신 예수님을 믿는 자에게 영생이 주어진다는 것입니다(요 11:25-26).

8. (거룩)

하나님은 "내가 거룩하니 너희도 거룩할지어다."(레 11:46) 라고 하여 우리들에게 거룩을 요구하십니다. 거룩은 하나님의 속성 중에서 가장 중심이 되는 요소입니다(벧전 1:15). 거룩의 뜻은 '구별하다' '분리(구분)하다' '깨끗하게 하다' '유일하다'는 뜻이 있습니다. 따라서 거룩이라 함은 죄악으로부터 철저히 분리된 것, 오직 하나님의 소유가 되는 것, 하나님에게 접붙이는 것, 자신을 구별하여 하나님께 온전히 드리는 것 등의 의미가 있습니다.

9. (생명)

왜 안식일(주일)을 지키지 않으면 생명이 끊어진다고 하셨을까요? 그것은 아마 다음과 같이 바꾸어서 생각해 볼 수 있을 겁니다.

첫째, 주일을 지키면서 하나님과 우리의 관계를 확인할 수 있기 때문입니다(출 31:13). 주일을 지키지 않으면 우리는 하나님과 아무런 관계가 없다는 것을 보여주게 됩니다. 둘째, 예배를 통하여 하나님께서 우리에게 복을 주시기를 원하시기 때문입니다. 예배를 드리는 자는 선민이든(사 58:13-14) 이방인이든(사 56:6-7) 하나님이 주시는 복을 받게 된다는 것입니다. 셋째, 예배를 통하여 하나님과 더 가까이 할 수 있기 때문입니다(약 4:8). 예배는 하나님과 교제하는 시간이기에 예배를 통해 하나님께 더 가까이 할 수 있습니다.

하나님의 진정한 복은 하나님과의 만남입니다. 예배를 통하여 말씀을 듣고, 하나님과 교제하며, 하나님과 가까이 하는 큰 복을 누릴 수 있기 때문입니다.

10. (개회/묵도) (축도/주기도문)

하나님은 질서의 하나님이십니다. 앞에서도 살펴보았지만 예배가 형식적이고 정성이 없다면 오히려 책망 받는 예배가 될 것입니다. 상습적으로 예배에 늦는다든지 끝나지도 않았는데 퇴장해버리는 것은 참 나쁜 예배 습관입니다. 예배 시간에 잡담을 하거나 다른 생각을 하거나 휴대폰을 만지작거린다거나 껌이나 음식물을 씹는다거나 예배 중에 자리를 뜨는 것은 정성이 없는 예배입니다.

봉사해야 한다는 이유를 들어서 예배 시간을 지키지 못한다거나 예배 중에 나간다거나 하는 것도 예배를 방해하는 것뿐 아니라 하나님의 마음을 아프게 하는 행위입니다. 최소한 예배 시작 10분 전에 착석하고 기도하면서 예배를 사모하는 마음으로 시작하고 예배에 집중하여 주시는 말씀을 경청하고 예배 중에 하나님을 체험하는 이런 예배가 신령과 진정으로 드리는 참 예배가 되는 것입니다.

8과 성도의 생활의 짧은 정리

성도는 부지런해야 합니다. 성도는 손해보는 듯 살아야 합니다. 성도의 삶을 통해서 복음이 전달되거나 전달된 복음에 힘이 실리기 때문입니다. 빛이요 소금으로 살라고 예수님이 하신 말씀대로 산다는 것이 그렇습니다. 신앙생활에서도 마찬가지입니다. 온유와 겸손, 사랑과 희생, 봉사와 구제 등은 성도 생활의 기본일 것입니다.

1. (매주 첫날)

예배를 어느 특정한 날만 드리라는 것이 아니라 규칙적으로 드리라는 것입니다. 매주 첫날 그러니까 지금의 일요일 즉, 주일마다 모여 하나님께 예배하라는 것입니다. 그리고 성도들과 교제하고, 성경공부하고, 심방하고, 구제도 하고, 전도도 하는 등 경건한 일을 하라는 것입니다. 물론 개인적인 일도 할 수는 있지만 하나님이 싫어하시는 일을 해서는 안 되는 것입니다. 하나님이 싫어하시는 일은 갈라디아서 5:19-21절에 자세하게 나와 있습니다.

2. (여호와 안에서 즐거움) (땅의 높은 곳에 올리고)
(야곱의 기업으로 기르리라)

* 야곱의 기업으로 기르리라의 의미: 야곱은 장자가 아니었지만 결과적으로 장자의 복을 받았습니다. 그 이유로 형의 분노를 피해 외삼촌 집으로 피난을 가서 20여 년 동안 머슴살이를 하였지만 결국 이스라엘 12지파의 아버지가 되었고, 많은 재산을 모았으며, 애굽의 실세 총리의 아

버지로 바로의 환영을 받게 됩니다. 야곱에서 이스라엘로 개명의 복을 받은 그의 이름은 지금 이스라엘의 국호가 되었습니다. 이것이 야곱의 기업인데 신앙의 가장 기초인 주일성수는 성도들에게 이러한 복이 주어질 것이라는 약속입니다.

3. 1) (구하라) (찾으라) (문을 두드리라)
   2) 기도는 예수님의 명령이기 때문

예수님은 하루를 기도로 시작하셨습니다. 기도하시는 본을 보여주시기도 하셨습니다. 그리고 기도에 대해서 설명도 해 주셨습니다. 그만큼 기도가 하나님과의 소통의 통로로 중요하고, 하나님으로부터 오는 축복의 통로로 중요하기 때문입니다. 공관복음서에만 해도 '기도하라'라는 명령의 말씀이 7번(중복은 뺌)이 나올 정도로 예수님은 기도에 대해서 많은 비중을 두셨습니다.

4. 1) (쉬지 말고)
   2) (항상)
   3) (근신하여)

근신이라 함은 '힘쓰고 삼감'이란 뜻으로 기도하는 것을 전혀 힘쓰라는 말씀입니다. 기도의 본 중의 하나는 눅 22:4절의 "예수께서 힘쓰고 애써 더욱 간절히 기도하시니 땀이 땅에 떨어지는 핏방울 같이 되더라"일 것입니다.

5. (무엇이든지)

우리가 기도제목을 노트에 써서 1년이나 일정 시간이 경과한 후에 확인해 보면 정말 놀랄 것입니다. 기도의 응답에 우리가 구한 것 이외의 것도 셀 수 없이 응답해 주셨기 때문입니다. 우리는 A를 구했는데 하나님은 A도 주시고 B, C, D, …다 들어주셨는데 우리는 죽어라고 A만 찾습니다.

참 어리석은 짓이죠. 그러나 응답의 조건은 우리에게 중요한 것으로 하나님께서 인정하시고 기뻐하시는 것임을 잊지 말아야 합니다.

6. (그의 나라) (그의 의)

기도에 대해 오해하는 사람들이 있습니다. 기도하면 무엇이든지 다 들어주신다는 오해입니다. 하나님은 우리가 기도하면 무조건 들어주시는 요술쟁이가 아닙니다. 먼저 그의 나라와 의를 구하라고 하셨습니다. 여기서 '먼저'라는 말은 시간적 순서를 말하는 것이 아니라 마 6:33절 이전에 말했던 세속적으로 먹고 사는 것을 구하지 말고 그의 나라와 의를 구하라는 것입니다. '그의 나라'는 '하나님이 신실하심으로 자기 백성을 지키시고 다스리는 나라'이며, '그의 의'란 '하나님의 언약의 신실함'을 말하는 것으로 신실하신 하나님이 언약의 백성인 구약의 이스라엘을 지키시고 인도하셨던 것처럼 예수 그리스도를 통해 하나님의 언약의 백성이 된 성도들을 지키실 것이기 때문에 먹고 사는 문제로 이방인들처럼 염려하지 말고 신실하신 하나님을 의지하라는 말씀입니다. 그렇게 하면 그 외에 모든 것까지를 책임져 주신다는 말씀인 것입니다.

7. (복음)

하나님이 회개할 것 없는 의인 99인보다 회개하고 돌아오는 죄인 1인을 더 기뻐하신다고 한 것은 의인 99인이 소중하지 않다는 말이 아닙니다. 그 의인 99인도 처음에는 죄인이었기에 그들이 돌아올 때마다 하나님이 기뻐하신 사람들입니다. 하나님은 그만큼 한 생명을 소중하고 귀하게 생각하신다는 것입니다. 그런데 죄인 1인이 회개하고 돌아오는 시작은 복음을 듣는 것에서부터입니다. 복음 즉, 예수 그리스도께서 이 땅에 오셔서 십자가에 못박혀 돌아가시면서 흘리신 보혈로 우리가 구원을 받는다는 것을 믿는 자가 구원을 받는다는 소리를 전하는 자가 있어야 듣는다는 것입니다. 우리 주님은 그 역할 즉, 복음 전하는 것을 우리에게 명령하신 것입니다.

8. (구원)

구원이란 사망에서 생명으로, 지옥에서 천국으로 옮겨지는 것을 말합니다. 구원은 예수 그리스도를 믿음으로 주어지는 선물입니다.

9. (주께로 말미암았사오니)

다윗은 성전을 짓고 싶었으나 하나님께서 허락하지 않으셨습니다. 그래서 아들 솔로몬이 지을 수 있도록 그가 가지고 있는 재물을 하나님께 기쁘게 드린다고 고백하는 내용이 역대상 29장입니다. 가문의 지도자들과 관료들 그리고 백성들까지도 즐거운 마음으로 예물을 드렸습니다. 다윗이 말한 가장 중요한 핵심은 대상 29:11절입니다. "천지에 있는 모든 것이 다 주의 것이로소이다." 다윗은 그가 누렸던 권세도 영광도 재물도 심지어 생명도 다 하나님의 것이라는 것을 고백합니다. 그래서 지금 드리는 이 예물도 주께서 주신 것을 드릴 뿐이라고 말하고 있습니다.

10. (쌓을 곳이 없도록)

교회에서 헌금 이야기만 나오면 하나님이 가난해서 돈을 요구하는 것처럼 보입니다. 사실이 아닙니다. 다윗이 고백했던 것처럼 천지가 다 주의 것인데(대상 29:11) 하나님이 무엇이 부족하겠습니까? 그러나 하나님은 우리가 하나님의 것을 구별하여 드리는 정성을 보고 싶어 하십니다. 그러한 정성과 믿음을 보시고 하나님께서 복을 주시겠다는 말씀입니다. 성경구절을 악용해서 돈만 요구하는 것은 잘못되었어도 한참 잘못된 것입니다. 하나님은 우리의 정성을 보십니다.

MEMO

MEMO

MEMO